UNIVERSITÉ DE RENNES

FACULTÉ DE DROIT

THÈSE POUR LE DOCTORAT

ÉTUDES SUR LE MONOPOLE DE L'ALCOOL

EN FRANCE ET A L'ÉTRANGER

Thèse présentée et soutenue le Jeudi 5 Avril 1900

Par L. COLAS

EXAMINATEURS :

MM. TURGEON, AUBRY, BODIN, *Professeurs.*

RENNES
IMPRIMERIE FR. SIMON, SUCC[r] D'ALPH. LE ROY
IMPRIMEUR BREVETÉ

1900

THÈSE POUR LE DOCTORAT

UNIVERSITÉ DE RENNES

FACULTÉ DE DROIT

THÈSE POUR LE DOCTORAT

ÉTUDES SUR LE MONOPOLE DE L'ALCOOL

EN FRANCE ET A L'ÉTRANGER

Thèse présentée et soutenue le Jeudi 5 Avril 1900

Par L. COLAS

EXAMINATEURS :

MM. TURGEON, AUBRY, BODIN, } *Professeurs.*

RENNES
IMPRIMERIE FR. SIMON, SUCC[r] D'ALPH. LE ROY
IMPRIMEUR BREVETÉ

1900

BIBLIOGRAPHIE

L'Impôt sur l'alcool dans les principaux pays, par M. René Stourm.

Dictionnaire des Finances, par M. Léon Say : Alcool et Boissons, Tabacs.

Traité de la Science des Finances, par M. Leroy-Beaulieu.

Mécanisme de la vie moderne, par M. Georges d'Avenel.

Journal des Économistes, 5e série, tome XIII-XIV et XXV.

Économistes Français, années 1890, tome I, et 1896, tome II.

Revue des Deux-Mondes, année 1897, volume III : Chapitre du Monopole.

Revue politique et parlementaire, année 1895, tomes III, V, VI ; année 1896, tome X ; année 1897, tome XI.

Réforme sociale, année 1898, tome I.

Annuaire de Législation étrangère, années 1895, tome XXIV ; 1896, tome XXV ; 1897, tome XVI.

Bulletin de statistique et de législation comparée, années 1893, tome I, et 1897, tome II.

Journal Officiel : documents et débats parlementaires.

Rapport fait par M. Léon Say au nom de la Commission instituée le 18 septembre 1887, à l'effet d'étudier les réformes qu'il convient d'apporter à la législation de l'alcool, et, en général, au régime des boissons (31 mai et 21 juin 1888).

Rapport fait au nom de la Sous-Commission du monopole des alcools de 1887, par M. Émile Jamais, député.

Rapport présenté au nom de la Sous-Commission de l'hygiène à la Commission extra-parlementaire du monopole de l'alcool (1896-1897) par M. Duclaux, membre de l'Institut et de l'Académie de Médecine.

Bulletin mensuel de la Chambre syndicale du commerce en gros des vins, vinaigres, spiritueux et bières du département de la Loire-Inférieure, août 1895; février, août et novembre 1899.

Journal *l'Alcool*, année 1896, n°s 10 et 12; année 1897, n°s 1, , 2, 5 et 7, et année 1899, n° 1.

Journal des Débats du 27 mars 1899 : *Le Monopole de l'Alcool en Russie.*

Journal des Contributions Indirectes, 31 mai 1891 ; 13 et 29 septembre et 13 octobre 1892 ; 13 février et 13 août 1893; 21 et 28 juin et 13 juillet 1894; 20 mars, 28 juillet, 28 octobre, 29 novembre et 12 décembre 1895; 12 mars, 5 et 21 septembre, 7 et 21 novembre 1896; 21 janvier, 6, 12 et 28 février, 21 avril, 21 juillet, 28 août et 21 septembre 1897; 6 et 27 octobre et 7 novembre 1898; 21 août 1895 et 13 octobre 1896 (Projet de M. Alglave).

Notions élémentaires sur les boissons fermentées, les alcools et les vinaigres, par E. Boizard, chef de bureau au Ministère des Finances.

ÉTUDES

SUR LE

MONOPOLE DE L'ALCOOL

EN FRANCE ET A L'ÉTRANGER

INTRODUCTION

Au point de vue financier les exigences du budget, au point de vue social les progrès de l'alcoolisme et de l'ivrognerie, au point de vue économique l'importance des intérêts agricoles, industriels et commerciaux, ont attiré sur l'alcool, en France comme à l'étranger, l'attention des médecins, des moralistes, des financiers et des économistes.

Chez nous, en particulier, la question de l'alcool est fort agitée depuis un certain nombre d'années. On cherche à réformer notre système fiscal, auquel on reproche de grands inconvénients financiers, industriels, commerciaux et hygiéniques. Dans notre législation actuelle, en effet, l'impôt, dit droit général de consommation, ne dépasse pas 156 fr. 25 par hectolitre à 100°, tandis que la taxe s'élève à 500 francs en Angleterre, à 325 francs en Russie, à 252 francs en Hollande, à 245 fr. 35 aux États-Unis. On l'accuse d'être compliquée et de faciliter la fraude par ses complications mêmes; car l'impôt, étant perçu à la consommation, le produit taxé doit être surveillé et suivi dans tous ses déplacements, depuis sa fabrication jusqu'à son débit, et l'Administration ne peut savoir ni à quel moment, ni entre quelles mains le droit sera perçu. On ajoute que l'exercice, c'est-à-dire cet ensemble de vérifications exercées par les agents du fisc sur la production, la circulation et la vente de l'alcool dans le but d'assurer les perceptions, est un mode de recouvrement gênant pour l'industrie et le commerce et onéreux pour l'État. Le privilège des bouilleurs de cru, c'est-à-dire la faveur dont jouissent les cultivateurs ou propriétaires de distiller en toute liberté les vins, cidres ou poirés, marcs et lies, cerises et prunes provenant de leur récolte, tandis que les industriels qui mettent en œuvre des vins, cidres, etc., qu'ils ont achetés, ou des betteraves, mélasses, grains, etc., même provenant de leur propre récolte, sont surveillés étroitement dans leur fabrication, est l'objet de critiques particulièrement vives. Le Trésor, d'abord, souffre de cette inégalité de traitement, parce que les bouilleurs de cru profitent de leur liberté pour frauder, c'est-à-dire pour écouler, sans payer l'impôt, les eaux-de-vie qu'ils ont fabriquées en dehors du contrôle des Contributions indirectes. Les distillateurs de profession se plaignent, de leur côté, de la concurrence déloyale que la législation fiscale favorise à leur encontre.

Bien des combinaisons nouvelles ont été proposées; mais la réforme, toujours projetée, jamais votée, est, comme un véritable rocher de Sisyphe, roulée par toutes les législatures de session en session, sans pouvoir aboutir. Par sa résistance à toutes les attaques, le système actuel prouve qu'il est meilleur que ne le disent ses détracteurs, au moins en tant qu'instrument fiscal.

Les tendances qui se manifestent en France en ce qui concerne la législation de l'alcool se retrouvent à l'étranger. Les États cherchent à relever le taux de l'impôt, à rendre impossible la fraude, et, en même temps à donner des garanties aux intérêts hygiéniques et économiques. Mais, comme chez nous, les difficultés sont nombreuses; car la législation des spiritueux touche à des intérêts si divers et si souvent opposés qu'il est presque impossible, lorsqu'on veut y toucher, de satisfaire les uns sans léser les autres, et sans froisser des habitudes qui, par abusives qu'elles soient, ont pris, au moins par leur durée, l'apparence de droits acquis.

Parmi les systèmes nés du désir de résoudre les problèmes d'ordre hygiénique, financier et économique que soulève le besoin des spiritueux, le monopole de l'alcool nous a paru plus spécialement intéressant à étudier, comme l'une des manifestations de cette idée, si répandue actuellement, que l'État est une Providence qui doit substituer son action à celle des particuliers dans l'intérêt de la Société, et, à ce titre, être investi de fonctions industrielles et commerciales. L'examen de la question, tant en France qu'à l'étranger, démontrera que si un monopole d'État peut être légitime dans certains cas, il est loin d'avoir en tout et pour tout des qualités exceptionnelles, et que pour l'alcool, en particulier, il ne possède pas les avantages sociaux et financiers que lui attribuent les partisans de la centralisation à outrance, voire même certains économistes libéraux. Par contre, il a contre lui le principe de la liberté de l'industrie et du commerce qui, à la condition d'être sagement réglementée, est la source de la vitalité d'une nation.

CHAPITRE PRÉLIMINAIRE

L'Alcool et le Monopole.

SECTION I

L'ALCOOL ET LES INTÉRÊTS QUE SA CONSOMMATION MET EN JEU

§ 1. — *L'alcool. — Des matières premières de l'alcool. — Des produits alcooliques distillés et de leurs impuretés. — De la rectification.*

I

L'alcool est le résultat de la fermentation alcoolique des jus sucrés naturellement ou préparés artificiellement par la saccharification des matières amylacées[1].

L'industrie l'extrait par distillation de deux catégories de substances[2].

Dans la première catégorie rentrent les liquides ayant déjà subi la fermentation alcoolique, et contenant, par conséquent, de l'alcool tout formé qui n'a plus besoin que d'être séparé par distillation. A ce groupe appar-

1. Projet de réforme général de l'impôt : rapport de M. Guillemet, annexe de la Chambre, année 1893, tome I, p. 2105, session 1892, n° 2291.
2. *Journal des Contributions indirectes : Notions sur les alcools*, p. 80.

tiennent le vin, le cidre, le poiré, la bière et les jus de fruits qui sont susceptibles de fermenter spontanément sans le secours d'un ferment étranger[1].

La seconde catégorie de matières premières peut se subdiviser en deux groupes. Le premier comprend les substances solides ou liquides qui contiennent du sucre, soit du sucre de cannes ou de betteraves (saccharose), soit du glucose ou du lactose, comme les cannes à sucre, les betteraves, les carottes, les mélasses de cannes et de betteraves, etc. Dans le second groupe se rangent les substances amylacées, c'est-à-dire qui contiennent de l'amidon ou de la fécule susceptibles de se transformer en glucose. Tels sont les tubercules féculents (pommes de terre); les céréales (seigle, blé, orge, avoine, maïs, riz, etc.); enfin les semences de légumineuses et autres (blé noir, millet, haricots, etc.).

II

Les liquides alcooliques provenant de la première catégorie de matières premières sont connus sous le nom générique d'alcools ou d'eaux-de-vie naturels[2], parce que l'alcool existant déjà tout formé dans les matières premières mises en œuvre, comme les boissons fermentées ou les résidus provenant de leur fabrication, leur pro-

1. A ces différentes eaux-de-vie, il faut encore ajouter celles que l'on fabrique avec des raisins secs, des figues fraîches ou sèches, des dattes, du miel, des prunelles, des mûres, etc.

2. On désigne généralement sous le nom d'eaux-de-vie les liquides alcooliques qui ne contiennent que 38 à 61 p. 100 d'alcool pur et de l'eau, et qui peuvent être consommés tels quels comme boisson. On appelle alcools ou esprits ceux qui contiennent plus de 61 p. 100 d'alcool pur.

duction consiste simplement à séparer cet alcool des autres éléments constitutifs des liquides sur lesquels on opère. Cette séparation s'effectue par la distillation, et celle-ci peut se faire au moyen des appareils les plus rudimentaires, des alambics les plus simples, et est à la portée de tout le monde.

Les alcools ou eaux-de-vie extraits de la seconde catégorie de substances sont communément appelés alcools d'industrie, parce que leur fabrication entraîne des opérations compliquées, exige l'emploi d'un outillage industriel important. En effet, leur production au moyen de matières sucrées (jus de betteraves, mélasses) comprend deux phases principales : la fermentation, qui donne naissance à l'alcool, et la distillation qui sépare plus ou moins cet alcool des autres éléments auxquels il se trouve associé.

Lorsqu'on opère sur des substances farineuses ou amylacées (céréales, maïs, pommes de terre, etc.), la fabrication donne lieu à une opération de plus ; car, la mise en fermentation doit être précédée de la saccharification, c'est-à-dire la transformation de l'amidon ou de la fécule en sucre fermentescible.

III

Tous ces alcools, quelle que soit leur provenance, contiennent en proportion plus ou moins grande des substances[1] autres que l'alcool proprement dit, c'est-à-dire que l'alcool vinique ou éthylique, l'alcool chimiquement pur, en un mot, le $C^4 H^6 O^2$, suivant la formule chimique.

1. Rap. de M. Guillemet, rap. précité, p. 2105 et 2106.

Ces substances étrangères, ou huiles essentielles dans le langage technique, impuretés dans le langage courant, ont été divisées en deux classes suivant que leur degré d'ébullition est inférieur ou supérieur à celui de l'alcool éthylique, c'est-à-dire à 78°[1].

La première classe comprend les liquides plus volatils que l'alcool et dont le point d'ébullition est inférieur : adhélydes, éthers.

La seconde se compose des liquides moins volatils et dont le point d'ébullition est supérieur. Ce sont en particulier les alcools supérieurs : alcools propylique, butylique et amylique ; puis des acides de la série grasse, les éthers de ces acides, des bases ou alcoolides et le furfurol.

IV

Or, il existe une opération grâce à laquelle il est toujours possible d'éliminer ces impuretés et de ramener les produits distillés à une pureté voisine de celle de l'alcool proprement dit ou alcool éthylique. Cette opération prend le nom de rectification et la rectification n'est elle-même qu'une distillation perfectionnée qui, d'ailleurs, porte plus spécialement sur les alcools d'industrie, auxquels les impuretés communiquent une odeur désagréable et un mauvais goût les rendant impropres à la consommation de bouche.

1. Proposition de loi tendant à rendre obligatoire, sous le contrôle hygienique de l'Etat, l'épuration des alcools destinés à la consommation, etc. présentée par MM. Fleury-Ravarin, Léon Say, Ribot, etc. Annexe de la Chambre n° 1091, Année 1894, tome II, p. 2225. — V. Id. *Notions sur les alcools, op. cit.* p. 139.

Dans la rectification[1] des flegmes ou alcools bruts, opérée par les appareils perfectionnés de l'industrie, les impuretés se classent dans les produits de la distillation d'après leur ordre de volatilité, de sorte que le premier alcool qui s'écoule est très infect et contient les corps les plus volatils, éthers, aldéhydes. Le produit obtenu est désigné sous le nom de *mauvais goût de tête*. L'élimination continuant, il passe un alcool moins chargé d'impuretés, mais encore très imparfait, dit *alcool moyen goût de tête*. Enfin arrive le produit presque débarrassé de corps étrangers, *l'alcool de cœur*, extra-fin ou neutre, reconnaissable par sa douceur et sa limpidité. Lorsque la distillation touche à son terme, les impuretés à point d'ébullition supérieur, commencent à passer à leur tour. L'alcool perd sa finesse de goût, et l'on recueille d'abord les *moyens goûts*, puis les *mauvais goûts de queue* qui sont des produits chargés d'impuretés.

L'alcool neutre ou bon goût est à peu près, mais non complètement pur; car, même avec les appareils les plus perfectionnés, l'élimination des impuretés ne saurait être complète par suite de diverses circonstances : affinités physiques de certains corps, rapprochement des points d'ébullition de certains autres, tension des vapeurs des diverses substances en présence, etc. Fatalement on retrouve dans les alcools d'industrie des traces des impuretés originelles.

1. V. sur cette question rap. de M. Fleury-Ravarin, rap. précité p. 2225; et *Notions sur les alcools, op. cit.* p. 139.

§ 2. — *L'alcool, l'hygiène et la morale.*

I

L'alcool occupe dans les Sociétés modernes une place si considérable, il y joue un rôle si important, que son nom met en éveil trois grands intérêts, dont, au premier rang, celui de la santé et de la morale publiques.

Le médecin et le moraliste considèrent, en effet, l'alcool comme l'un des grands ennemis de l'individu et de la Société. Ils s'effrayent du développement et des ravages causés dans l'organisme physique et dans le sein de la Société par un mal, longtemps inconnu, et dont M. Gladstone a pu dire sans rien exagérer : « Il fait plus de ravages que les trois fléaux historiques, la famine, la peste et la guerre. Plus que la famine et la peste il décime, plus que la guerre il tue, il fait pis que tuer, il déshonore. »

Quelle est donc la cause de ce mal, de l'alcoolisme, pour l'appeler par son nom, dont le médecin et le moraliste s'effrayent à si juste titre ?

II

Les uns répondent que le fléau provient surtout des impuretés, aldéhydes, furfurol, alcools supérieurs, qui accompagnent l'alcool éthylique en proportions variables dans les eaux-de-vie consommées. D'après eux, l'alcoolisme serait dû beaucoup plus à la mauvaise qualité qu'à l'abus de l'alcool.

« Depuis longtemps, dit le Dr Lancereaux, j'ai remarqué que ce ne sont pas les individus qui font les plus grands excès qui sont les plus alcoolisés. Il est une cause de ce mal qui va chaque jour gagnant du terrain, c'est la mauvaise qualité des boissons livrées à la consommation. Et, s'il en est ainsi, il faut bien admettre que ce n'est pas la quantité qui a le plus contribué à l'intoxication, mais bien la mauvaise qualité [1]. »

Le Dr Lannelongue se montre du même avis. « Il ne faut pas oublier, dit-il, que l'alcoolisme émane bien plus des poisons contenus dans l'alcool, que de l'alcool lui-même, quelle que soit son origine. Par conséquent, même en diminuant l'alcoolisme, vous ne le faites pas disparaître, parce qu'il n'y a pas seulement l'abus, il y a aussi l'empoisonnement par les substances toxiques [2]. »

Le docteur Girard formulait à son tour les mêmes conclusions en 1895 : « En somme, dans l'alcoolisme, il faut faire la part des phénomènes peu importants dus à l'alcool éthylique et celle bien plus considérable, qui est la part de ses impuretés [3]. »

III

A côté de cette théorie, s'en dresse une autre, plus en harmonie avec les idées courantes.

L'alcoolisme proviendrait beaucoup plus de l'alcool que de ses impuretés, parce que l'alcool, fût-il pur, est lui-

1. Cité par M. Claude (des Vosges) dans le rapport fait au nom de la Commission d'enquête sur la consommation de l'alcool en France, session 1887, annexe 42, p. 45.

2. Débats parlementaires, Chambre, 1895, séance du 6 juin, p. 1003.

3. Cité par le docteur Lannelongue dans son discours ci-dessus à la Chambre.

même un poison. Sans doute, il est d'une toxicité moindre que les substances qui lui font cortège dans les spiritueux consommés ; mais comme il est de beaucoup le plus abondant dans les boissons absorbées, c'est lui qui produirait l'intoxication.

« On devient alcoolique, dit le docteur Riche, parce qu'on boit de l'alcool en trop grande quantité, non pas par moment, et à très haute dose, mais à intervalles rapprochés, d'une façon continue, pour ainsi dire[1]. »

De même, le docteur Joffroy estime que c'est non pas « la qualité mais bien la quantité de l'alcool qui est la cause de l'alcoolisme », et que, « pour lutter contre l'alcoolisme, il faut non pas rectifier l'alcool, mais en restreindre la consommation[2]. »

IV

Par contre, il est avéré que les bouquets, sauces, essences, ajoutés à l'alcool pour relever le goût des eaux-de-vie ou pour en faire des spiritueux composés, des liqueurs, comme les absinthes, les bitters, etc., sont l'une des causes principales du fléau. En effet, ces substances ajoutées, ces impuretés artificielles sont, pour la plupart, des poisons violents, surtout lorsqu'il s'agit de liqueurs à bas prix. Elles augmentent, dans une large mesure, l'action nocive de l'alcool qui les contient, de sorte que, dans bien des cas, le fléau mériterait mieux le nom d'absinthisme que celui d'alcoolisme.

1. *Journal de Pharmacie et de Chimie, Etude de la loi sur les boissons alcooliques*, docteur Riche. (*V. Journal des Contrib. Ind.* au 12 déc. 1895, p. 625).

2. *Gazette des Hôpitaux* (*Journal des Contrib. Ind.* du 21 janv. 1897, p. 43).

Comme le disait, en 1887, M. Claude (des Vosges) au nom de la Commission sénatoriale chargée de faire une enquête sur la consommation de l'alcool, « mieux vaudraient assurément, de véritables alcools, fussent-ils à 50 degrés, que ces mixtures innomables dont la plus anodine constitue à la longue un poison, et que l'ouvrier normand ne se contente pas d'absorber pures, mais qu'il mêle à son cidre ou à sa bière ; car, au débit, ce n'est pas seulement le débitant qui adultère les boissons : après lui vient le consommateur au palais blasé. N'assure-t-on pas qu'en Belgique l'ouvrier terrassier ajoute à son genièvre quelques gouttes d'acide sulfurique ! Dans ces conditions, le cabaret n'est plus qu'un laboratoire de produits chimiques[1]. »

§ 3. — *L'alcool et le fisc.*

Traité en ennemi par le médecin, l'alcool est considéré par le financier comme une « bête de somme » utile au budget auquel sa taxation procure le secours de ressources considérables.

Il est, en effet, imposé presque partout, et, dans certains pays, comme la France, les États-Unis, la Hollande, la Russie et l'Angleterre, la taxe dépasse plusieurs fois la valeur marchande du produit. Étant donnée la large consommation d'alcool de ces pays, l'imposition de cette substance fournit aux budgets l'une de leurs principales recettes[2].

1. Cité par M. Guillemet, rap. cit. p. 2109.
2. *L'impôt sur l'alcool dans les principaux pays*, par M. René STOURM. V. Alcool et Boissons, *Dict. des Finances*, par M. Léon SAY.

Dès que les charges budgétaires augmentent, les États songent à élever la taxe sur l'alcool sous l'influence de deux considérations quelque peu contradictoires si l'on va au fond des choses ; à savoir, que l'alcool est considéré comme une substance nuisible et que l'expérience paraît avoir démontré qu'il constitue une matière imposable résistante, ne se resserrant pas sous le faix de l'augmentation des droits.

§ 4. — *L'alcool, l'agriculture et l'industrie.*

I

A la production des alcools l'agriculture se rattache par des liens étroits, puisque, comme nous l'avons vu, la distillation utilise directement les produits de la terre. En outre, pour les alcools d'industrie, les résidus même de la distillation deviennent un aliment précieux pour le bétail.

En effet, pour fabriquer un hectolitre d'alcool à **100** degrés, il faut :

2 000 kilogrammes de betteraves,
ou **1 428** kilogrammes de topinambours,
ou **1 200** kilogrammes de pommes de terre,
ou **400** kilogrammes de seigle ou d'orge,
ou **333** kilogrammes de maïs[1].

D'autre part, sur deux millions et quart d'hectolitres d'alcool consommés annuellement en France, près des

1. *Gazette des hôpitaux*, Dr JOFFROY, (*Journal des Contrib. Ind.* du 21 janv. 1897, p. 43). — V. *id.* rap. de M. Guillemet, annexe n° 2291, année 1893, t. I, p. 2106.

sept dixièmes (environ 1 575 000 hectolitres) proviennent de la betterave en nature ou en mélasse après extraction partielle du sucre, et deux autres dixièmes (450 000 hectolitres) sont tirés de l'orge, du maïs, du riz et de divers farineux[1].

Cela étant, on peut concevoir l'importance du débouché que la production des alcools d'industrie procure à l'agriculture, surtout dans les régions du nord de la France où se trouvent les grandes distilleries de betteraves. D'après M. d'Avenel, il s'agirait d'une récolte d'environ cent mille hectares du sol français cultivés en betteraves ou en céréales, se transformant chaque année en alcool, et représentant, comme journées de labeur agricole, dix millions de francs.

En outre, les résidus de la distillation désignés sous le nom de drèches ou de pulpes qui sont très riches en gluten, constituent un aliment précieux pour le bétail. Ainsi, avec les pulpes provenant de la distillation des 2000 kilogrammes de betteraves, il est possible de nourrir une bête à cornes pendant treize jours, pendant douze jours et demi avec les résidus de topinambours, pendant dix-huit jours avec les pulpes de pommes de terre, pendant dix-neuf jours et demi avec les résidus de la distillation du maïs et pendant vingt-trois jours et demi avec les drèches du seigle ou de l'orge dont on a retiré un hectolitre d'alcool[2].

1. *Mécanisme de la vie moderne*, par M. Georges D'AVENEL. — Le surplus, 1/10 environ, est fourni par la distillation des raisins ou des pommes soit en jus de premier pressage, soit en marc ou en lie.

2. Ajoutons que le résidu provenant de la récolte distillée d'un hectare est capable d'alimenter pendant un jour : 118 bêtes à cornes s'il s'agit de seigle ou d'orge; — 175 à 180 s'il s'agit de topinambours

II

De même, la production des eaux-de-vie naturelles présente un intérêt considérable pour la culture de la vigne et des arbres fruitiers, surtout dans un pays de vignes et de vergers comme la France.

Il est vrai que cet intérêt a bien diminué depuis l'apparition des maladies qui se sont abattues successivement sur le vignoble. Vienne le retour de nos bonnes récoltes vinicoles, — et on peut dire que ce temps est presque revenu, — le viticulteur se trouvera obligé, comme jadis, de brûler une partie de sa récolte pour l'écouler plus avantageusement ou la conserver plus facilement.

Dans les Charentes et l'Armagnac surtout, la distillation du vin est d'une importance capitale, car elle est le but unique et quasi nécessaire de la production viticole. Le vin des Charentes et de l'Armagnac doit se distiller, et, de plus, doit être distillé rapidement[1].

Enfin, la population rurale, les petits propriétaires ou fermiers, trouvent dans la distillation des fruits de leur récolte, une source de bénéfices dont la privation se ferait cruellement sentir. Outre la consommation familiale, ils tirent ainsi un parti utile de leurs vins ou cidres gâtés et de véritables déchets tels que les lies et les marcs de vendanges qui, sans la distillation, seraient absolument perdus.

ou de pommes de terre; — et 260, s'il s'agit de betteraves (*Journal des Contrib. Ind.* du 21 janvier 1897).

1. V. Discours de M. Fleury-Ravarin, Débats parlementaires, Chambre, séance du 11 juin 1895.

III

Il va sans dire, que la production et la vente des spiritueux font en France l'objet d'une industrie et d'un commerce considérables.

Ainsi, sans parler des bouilleurs de cru, débitants, fabricants d'alambics, l'on compte 7 073 bouilleurs de profession, 160 distillateurs agricoles, 285 distillateurs industriels, 24 rectificateurs, 28 000 marchands en gros entrepositaires, etc.[1], tous préoccupés, avec une ardeur à peu près exclusive, du succès de leurs entreprises.

L'exportation de nos eaux-de-vie, dont, en particulier, les eaux-de-vie de Cognac, ce produit si éminemment français, et des liqueurs ou spiritueux composés, constituent une des principales sources de notre richesse nationale ; elle peut se chiffrer, peut-être, à 100 millions chaque année. Malgré la concurrence redoutable des pays étrangers, de l'Allemagne surtout, nos produits, grâce à leur variété de goûts et de prix, et à leur qualité si décriée en France et pourtant si supérieure à celle de leurs rivaux qui ne sont souvent que des contrefaçons éhontées, réussissent à lutter avantageusement contre leurs concurrents étrangers sur les marchés européens et extra-européens. Dans nos grands ports, Bordeaux, par exemple, les négociants en spiritueux ont su composer

1. V. Discours de M. Fleury-Ravarin, Débats parlementaires, Chambre, séance du 11 juin 1895.

D'après M. d'Avenel, *Mécanisme de la vie moderne*, le coût de la main-d'œuvre industrielle pour la fabrication des alcools d'industrie s'élève à 8 millions, cette opération exige à son tour de la part des usines où elle s'accomplit une dépense de plus de 400 000 tonnes de houille. L'outillage est, pour les constructeurs de machines, un aliment de travail considérable.

toute une gamme de produits qu'ils adaptent tant aux besoins locaux qu'aux ressources de leur clientèle.

Nos exportateurs, en effet, ne font pas seulement du cognac pour les riches lords anglais (c'est en effet vers l'Angleterre que va la grande production des Charentes), ils savent aussi fabriquer des liqueurs fines, telles que les chartreuses, et des spiritueux composés, d'un bon marché vraiment extraordinaire, et qui sont destinés aux populations nègres de l'Afrique, auxquelles, cela va sans dire, on ne peut demander des prix bien élevés[1]. Pour les liqueurs, la France vend au dehors trois millions de bouteilles, vingt fois plus qu'il n'en est introduit chez elle[2].

Enfin, indépendamment de son usage pernicieux comme boisson, l'alcool est une matière première industrielle incontestablement utile et même nécessaire. Il est la base d'un grand nombre de préparations pharmaceutiques et chimiques; il est très souvent employé en chimie comme dissolvant; plusieurs industries, et en particulier celle des vernis et celle des éthers, en consomment des quantités importantes; enfin il est utilisé pour le chauffage et l'éclairage. Afin que l'impôt qui frappe l'alcool en tant que boisson ne soit pas un obstacle à son emploi industriel, l'alcool est dénaturé de manière à ne pouvoir entrer dans la consommation de bouche, et soumis seulement par notre législation fiscale à une taxe réduite dite de dénaturation. Il en est à peu près de même dans la plupart des nations étrangères, les États-Unis exceptés[3].

1. Discours de M. Fleury-Ravarin, séance du 11 juin 1895.
2. *Mécanisme de la vie moderne*, op. cit.
3. Les États-Unis refusent, en effet, toute concession en faveur des alcools employés dans l'industrie.

Le taux de notre taxe de dénaturation est actuellement de 37 fr. 50 par hectolitre d'alcool pur.

SECTION II

LE MONOPOLE DE L'ALCOOL ET SES DIFFÉRENTS BUTS

Après cette étude de l'alcool, c'est-à-dire de la substance éventuellement destinée à être monopolisée, et des trois grand intérêts que sa consommation met en jeu, il importe d'examiner ce qu'est le monopole, d'étudier ses formes principales et les différents services qu'il peut être appelé à rendre, le cas échéant, au point de vue hygiénique, au point de vue fiscal et au point de vue agronomique et industriel.

§ 1. — *Du monopole et de ses formes principales.*

Le monopole de l'alcool entre les mains de l'État consisterait dans l'accaparement total ou partiel, dans l'appropriation complète ou restreinte de l'industrie ou du commerce des spiritueux.

On peut, en effet, concevoir le monopole sous diverses formes : l'État seul fabricant ; l'État s'attribuant le monopole de la rectification ; l'État laissant dans une certaine mesure, la liberté de fabrication et monopolisant la vente ; enfin, l'État accaparant la production, la rectification et la vente, c'est-à-dire, instituant un monopole complet.

I

Comme le dit M. Léon Say, « le monopole de fabrication aurait pour effet d'interdire toute distillation particulière et de réserver à l'État les matières propres à être distillées. Ces matières ne pourraient pas être traitées par leurs propriétaires et ne pourraient être vendues qu'à l'État[1]. »

Sans doute, celui-ci deviendrait seul vendeur. Mais, au lieu d'organiser un monopole de vente proprement dit, ce qui pourrait paraître le corollaire tout naturel du monopole de fabrication, il pourrait céder les produits une fois fabriqués à tous les marchands qui accepteraient ses conditions. Au lieu de se mettre en rapport avec les consommateurs par l'entremise d'agents qu'il choisirait, qu'il nommerait, qu'il paierait, il remettrait l'alcool entre les mains du commerce, en le laissant libre de revendre à sa guise.

Les commerçants, tout au moins les commerçants en demi-gros et en détail, conserveraient donc une sphère d'action assez large, et cela serait vrai surtout si l'État ne vendait que par grandes quantités comme il le fait en France pour les allumettes[2].

Le monopole de rectification consisterait dans le droit

1. Rapport de M. Léon Say au nom de la Commission instituée en 1887 au ministère des Finances, pour étudier les réformes à apporter au régime des boissons. (*Journ. des Contrib. Ind.* du 5 août 1888, p. 424).

2. Les allumettes sont, en effet, livrées directement aux négociants en gros par les manufactures de l'État. Le mot en gros signifie seulement que chaque commande doit se composer de caisses complètes pour un minimum de 500 kilogrammes. Tout négociant patenté peut être admis à exercer le commerce en gros (V. *le Budget*, par M. René STOURM, p. 415).

exclusif pour l'État de rectifier des alcools destinés à la consommation de bouche. La fabrication ou la distillation proprement dite resterait libre, autant du moins qu'elle pourrait l'être sous un régime semblable, mais tous les alcools devraient être vendus à l'État qui les épurerait et les mettrait en vente.

Le monopole de vente aurait pour résultat de faire passer les alcools par les entrepôts de l'État qui deviendrait ainsi le courtier obligatoire, l'intermédiaire obligé de toutes les ventes, comme autrefois les fermiers de la gabelle avaient le monopole de la vente du sel dans les pays de grande et petite gabelle.

On peut concevoir, d'ailleurs que l'État, après avoir emmagasiné les alcools achetés aux producteurs, se borne à les revendre en gros, comme nous l'avons expliqué à propos du monopole de fabrication. Mais il pourrait aussi établir un monopole de vente en détail, et entrer directement en relation avec les consommateurs par l'intermédiaire de bureaux de vente, comme il le fait pour la vente du tabac.

Enfin, le monopole pourrait être un monopole complet de fabrication, de rectification et de vente, celle-ci s'étendant d'autre part jusqu'à la vente en détail. Un régime semblable présenterait quelque analogie avec notre monopole du tabac et celui des poudres et salpêtres, qui sont tous les deux des monopoles intégrals.

II

Ce ne sont là, pour ainsi dire, que les formes types du monopole. Les combinaisons peuvent être diverses, par cela que le monopole peut, d'une part, être limité à certains spiritueux, ou, au contraire, s'étendre à tous : et, d'autre part, qu'il peut être destiné à remplir diverses fonctions.

D'un côté, en effet, on peut concevoir un monopole restreint à l'alcool d'industrie, de même qu'on peut concevoir un régime s'étendant à tous les alcools, quelle que soit leur origine, voire même aux spiritueux composés ou liqueurs. Dans ce dernier cas, il serait plus juste de parler d'un monopole des *alcools* que d'un monopole de l'alcool.

De l'autre, l'organisme du monopole variera suivant l'emploi qu'on veut en faire, suivant le rôle hygiénique, fiscal ou protectionniste qu'on veut lui faire jouer.

§ 2. — *Le monopole et la lutte contre l'alcoolisme.*

On peut, en effet, envisager le monopole comme un moyen de combattre l'alcoolisme, soit qu'on attribue le mal à la mauvaise qualité des boissons alcooliques, soit qu'on l'attribue à une consommation immodérée.

I

Si l'on estime que le fléau provient des impuretés des spiritueux, on peut penser que les alcools, étant monopolisés entre les mains de l'État, celui-ci, ne se laissant guider que par le souci de la santé publique, les amènera au degré de pureté exigé par l'hygiène et protégera ainsi les consommateurs contre l'empoisonnement par les substances toxiques.

Comme le dit fort bien M. Léon Say, « le monopole, qui mettrait sous la main de l'Administration les alcools provenant de la distillation de toutes matières, permettrait aux agents des services hygiéniques de ne laisser entrer en consommation que les produits purgés de toutes substances nuisibles. Il constituerait une sorte de filtre protecteur de la santé publique[1] ». Telle serait plus spécialement la fonction d'un monopole de rectification; mais, elle pourrait aussi être celle d'un monopole de vente; car, il serait alors facile à l'État de vérifier la pureté des produits au moment de la livraison.

II

Si l'on considère, au contraire, que l'alcoolisme provient surtout de l'abus de l'alcool, on peut espérer que la Régie, seule détentrice des spiritueux, pourra diminuer la consommation, en lui livrant des quantités de plus en plus restreintes.

C'est ainsi que M. Lejeune, ministre d'État Belge, disait : « Oui ou non, faut-il recourir au monopole? Et, en termes plus explicites, faut-il, pour mettre fin à l'empoisonnement du pays, restreindre de plus en plus l'exploitation de la passion de l'alcool, *en monopolisant l'industrie de la distillation, pour en confier le monopole au Gouvernement, avec mission de réduire progressivement la production de l'alcool?*[2] »

Un autre partisan de l'établissement du monopole de l'alcool en Belgique, M. Cauderlier, dit dans les mêmes termes :

1. Rapport. cité (*Journal des Contrib. Ind.* du 5 août 1888, p. 424).
2. Cité par M. Guillemet, rapport sur le monopole de la rectification de l'alcool, annexes de la Chambre, année 1897, t. I, p. 163.

« Le monopole qu'il faut, c'est le monopole restrictif de la fabrication ; l'État s'emparant de la distillation de l'eau-de-vie pour en régler, désormais, et en réduire d'année en année la consommation, jusqu'à ce qu'elle soit descendue à un étiage qui ne présente plus pour le pays l'épouvantable issue dans laquelle il marche aujourd'hui[1]. »

Nous verrons que cette idée d'un monopole *restrictif* a fait son chemin en Belgique, où l'on s'accorde à attribuer le fléau à l'abus de l'alcool, si pur qu'il soit.

§ 3. — *Le monopole au point de vue fiscal.*

De même qu'il pourrait avoir un but hygiénique, le monopole pourrait être employé comme instrument fiscal, comme procédé de perception de l'impôt sur l'alcool.

C'est même la fonction normale du monopole, en général, d'être un système de recouvrement de l'impôt, comme il l'est déjà en France pour la taxe sur le tabac et les allumettes.

Il est vrai que l'impôt perçu sous cette forme revêt un caractère particulier. Il prend, en effet, l'apparence d'un bénéfice réalisé par l'État sur la vente du produit monopolisé.

Quelle est donc la source de ce bénéfice, et, comment ce bénéfice peut-il être très élevé?

« Le bénéfice que l'État peut retirer d'un monopole, dit M. Léon Say, a sa source dans l'exercice privilégié d'une industrie ou d'un commerce lucratif, à l'abri de

1. Journal *l'Alcool*, 1897, nos 1 et 2, p. 13.

lois protectrices qui rendent impossible toute concurrence intérieure ou étrangère. La fraude, en cas de monopole, consiste donc à fabriquer ou à vendre en concurrence avec l'État. L'usine et la boutique où l'on fabrique et où l'on vend, sont des établissements interdits qui peuvent être supprimés par l'autorité de la loi. Quand les concurrents ont disparu, le prix est à la disposition des vendeurs et le bénéfice à réaliser n'a, dans cette hypothèse, d'autre limite que les facultés des contribuables[1]. »

En effet, l'État, seul détenteur d'une marchandise, profite de cette situation, pour en élever le prix au maximum, jusqu'aux extrêmes limites du possible, et réaliser des bénéfices bien supérieurs, non seulement à la valeur réelle du produit, mais encore à ceux que pourrait faire un industriel ou un commerçant sous le régime de la libre concurrence. La différence entre la valeur normale et la valeur artificielle provenant de la majoration du prix de l'objet monopolisé, constitue l'impôt.

Or, on peut trouver certains avantages dans l'emploi du monopole comme procédé de perception du droit énorme dont l'alcool est susceptible d'être grevé, le cas échéant.

Montesquieu a dit, en effet, qu'il fallait, quand un produit paie un impôt supérieur à sa valeur, en monopoliser la propriété entre les mains de l'État[2].

Le bien-fondé de cette pensée paraît démontré par l'expérience.

L'Autriche-Hongrie, l'Italie et la France se servent en effet du monopole, comme mode de recouvrement de l'impôt sur le tabac, et, ces trois États en retirent des

1. Rapport cité (*Journal des Contrib. Ind.* du 12 août 1888, p. 432.)
2. Cité par M. Léon Say, rapport cité.

revenus considérables. Le premier perçoit 295 millions, dont 198 pour l'Autriche et 97 pour la Hongrie, le second 190 millions et le troisième 300 millions[1].

Aussi, M. Leroy-Beaulieu peut-il dire avec raison : « Tous les pays du continent de l'Europe qui ont eu le courage d'établir le monopole du tabac, en tirent de gros revenus et n'ont aucune envie de renoncer à ce système... Si nous conseillons à beaucoup de pays d'instituer ce monopole, quand ils ne l'ont pas, c'est assez dire que nous sommes le résolu partisan de cette institution en France où la population est habituée à ce régime. Ce serait chez nous une véritable et impardonnable folie que de le modifier.... Tant que nous aurons une grande armée et une grosse dette, nous devrons le maintenir[2]. »

Or, le monopole qui se montre, pour l'impôt sur le tabac, un procédé de perception si commode pour les contribuables, si productif pour le budget, ne pourrait-il pas présenter les mêmes qualités en ce qui concerne le recouvrement d'une taxe élevée sur l'alcool ? Ne pourrait-on y voir un moyen efficace de faire supporter l'impôt par tout l'alcool consommé, d'empêcher la fraude à laquelle donne lieu un droit exagéré, d'atteindre, en un mot, le rendement théorique et absolu, le rendement sans fraude ni coulage ?

1. *Dictionnaire des Finances* par M. Léon Say, au mot « Tabac ».
2. *Traité de la science des finances.*

§ 1. *Le monopole au point de vue agronomique et industriel.*

On a même pu considérer le monopole comme un moyen de protéger l'Agriculture et l'Industrie nationales contre la concurrence étrangère, et d'encourager particulièrement, la distillation des alcools d'industrie et partant la grande culture.

C'est ainsi qu'en France, la Société des agriculteurs du Nord émit le vœu, en 1892 :

« 1° Que l'État ne pourrait acheter que de *l'alcool français rectifié, provenant de matières produites par le sol national ;*

« 2° Qu'il devrait répartir ses achats entre tous les producteurs d'alcool proportionnellement à leur production ;

« 3° Que les prix d'achat, arrêtés chaque année, par les Chambres, seraient suffisamment élevés pour que, dans la réalisation de son produit vendu à l'État, le producteur trouve *une prime lui permettant d'exporter, s'il y a lieu, l'excédent de sa production ;*

« 4° Enfin, *que dans toute la mesure du possible, l'État fasse servir le monopole à la création et à l'encouragement des distilleries agricoles ;*

5° Qu'une pareille mesure ne comportant aucune exception, aucune faveur, ne pourrait être accordée à aucun producteur d'alcool, et que, toute sorte de privilège, notamment celui des bouilleurs de cru, serait supprimé[1]. »

1. Rapport de M. Guillemet sur la réforme générale de l'impôt, annexe de la Chambre, année 1893, t. 1, p. 2115.

§ 5. — *Le monopole de l'alcool au point de vue hygiénique, fiscal, agronomique et industriel.*

Jusqu'ici, nous avons envisagé le monopole de l'alcool comme étant destiné à ne remplir qu'une seule fonction, soit hygiénique, soit fiscale, soit protectionniste. Mais, dans certains États où le monopole a été établi ou proposé, on y a vu un merveilleux moyen de concilier, malgré leurs discordances, les intérêts en présence, celui de l'hygiène, celui du fisc, celui de l'agriculture et de l'industrie.

Du moment que l'État accapare l'industrie ou le commerce des spiritueux dans un but sanitaire, il paraît simple en effet que, seul détenteur de la marchandise, il perçoive intégralement l'impôt en le comprenant dans le prix de vente, et qu'il favorise la distillation et l'agriculture nationale en réservant aux usines qui mettent en œuvre des matières premières indigènes, la fourniture des alcools destinés à la consommation, ou même en leur payant des prix supérieurs à la valeur réelle du produit.

La simplicité de cette combinaison, jointe au désir de donner satisfaction aux divers intéressés, n'a pas été, croyons-nous, sans contribuer dans une grande mesure au succès du monopole. On s'est laissé éblouir par les apparences, et, au lieu de rechercher s'il n'était pas téméraire de poursuivre trois buts contradictoires, alors qu'il est si difficile d'en atteindre un seul, on n'a vu dans le monopole qu'un système pouvant facilement, naturellement remplir divers rôles.

Comme nous le verrons, c'est surtout en France, où il eut son heure de triomphe, où il fut même voté par la Chambre, que le monopole a été présenté comme une panacée universelle, et il n'est pas douteux que ce soit à raison de cette circonstance, qu'il a si vite conquis l'opinion publique, trop portée à croire aux belles promesses.

PREMIÈRE PARTIE

DU MONOPOLE DE L'ALCOOL A L'ÉTRANGER

Avant d'étudier la question du monopole de l'alcool telle qu'elle est présentée en France, il importe d'examiner ce qu'ont fait les pays étrangers dans lesquels le monopole fonctionne pratiquement, ou dans lesquels il a été proposé.

Ce régime existe, en effet, dans deux contrées de l'Europe : la Suisse et la Russie. On y a songé en Allemagne, en Autriche-Hongrie, en Italie, en Belgique.

Nous examinerons les motifs de son établissement, son mécanisme et ses résultats en Suisse et en Russie. Nous verrons ainsi s'il est rationnel d'imiter en France l'exemple de ces deux pays et de marcher sur leurs traces.

L'étude des projets allemand, austro-hongrois, italien et belge nous fournira également des renseignements précieux.

CHAPITRE I

Le Monopole de l'Alcool en Suisse.

La Suisse nous offre un premier exemple d'application du monopole de l'alcool. Ce régime a été institué chez nos voisins par la loi du **23** décembre **1886**, et est entré en vigueur le **20** juillet **1887**. Il fonctionne par conséquent depuis plus de douze ans. C'est là une expérience assez prolongée pour permettre de conclure en faveur ou à l'encontre du monopole de l'alcool, tel, du moins, qu'il a été organisé en Suisse.

Notre étude sur le système helvétique sera divisée en six sections.

Section I. — *Considérations qui ont conduit la Suisse à établir le monopole de l'alcool, et circonstances qui ont facilité l'institution de ce régime.*

Section II. — *Régime des alcools sous le monopole.*

Section III. — *Résultats hygiéniques du monopole.*

Section IV. — *Résultats financiers.*

Section V. — *Résultats agronomiques et industriels.*

Section VI. — *Conclusion.*

SECTION I.

CONSIDÉRATIONS QUI ONT CONDUIT LA SUISSE A ÉTABLIR LE MONOPOLE DE L'ALCOOL, ET CIRCONSTANCES QUI ONT FACILITÉ L'INSTITUTION DE CE RÉGIME.

§ 1. — *Considérations hygiéniques.*

Depuis longtemps on se plaignait des ravages de l'alcoolisme qu'on attribuait à la fois à l'abus du shnaps ou eau-de-vie de pommes de terre et de grains, et à la mauvaise qualité des produits consommés.

I

La consommation de l'alcool était, en effet, devenue considérable (10 lit. à 50 degrés par habitant, en 1885) par suite de deux circonstances spéciales à la Suisse : savoir, d'une part, la liberté du commerce et de l'industrie garantie d'une façon absolue dans toute l'étendue de la Confédération, par la Constitution fédérale de 1874 (art. 31); et, d'autre part, l'existence des *ohmgeld* cantonaux[1]. Ces *ohmgeld* étaient des droits de consommation perçus à la frontière cantonale par les trois quarts des Cantons (16 can-

1. En plus des *ohmgeld cantonaux*, la Confédération percevait un droit de douane sur les vins, cidres, bières et spiritueux entrant en Suisse.

V. *Revue polit. et parlem.*, année 1895, t. V, art. de M. NUMA DROZ, *Le monopole de l'alcool en Suisse*, p. 401 et s.

tons ou demi-cantons sur 22) dont se compose la Confédération helvétique, et les deux villes de Carouge et de Genève. Ils frappaient à la fois les vins, les cidres, les bières et spiritueux provenant de l'Étranger ou des autres Cantons. En renchérissant les boissons salubres, ils favorisaient la consommation de l'alcool, d'autant plus qu'ils étaient en même temps que des droits fiscaux, des droits protecteurs à l'abri desquels la distillerie florissait surtout dans les Cantons du nord et du centre[1]. Par contre, ces Cantons grevaient d'impôts exagérés le vin et la bière qu'ils ne produisaient qu'en minime quantité.

En outre, les petites distilleries, très nombreuses en Suisse, étaient devenues des centres d'alcoolisation familiale. « L'eau-de-vie plus encore que le vin, disait un Message du Conseil fédéral de 1884, se consomme dans le domicile privé (nos 850 000 bouilleurs de cru n'ont que faire au cabaret) et la consommation des liquides alcooliques, notamment dans les contrées infectées par l'alcoolisme, n'a pas son origine ni son fondement principal dans le cabaret, mais bien dans l'usage domestique[2]. »

1. Les cantons de Berne, Lucerne, Soleure, Fribourg, Bâle campagne, Grisons et Argovie qui percevaient les droits les plus élevés sur les boissons fermentées ou distillées importées chez eux, étaient en même temps ceux qui possédaient le plus grand nombre de distilleries de matières féculentes. *Le monopole de l'alcool en Suisse*, par M. Numa Droz, *op. cit.*: V. tab. des *ohmgeld*, p. 402 et p. 411).

V. id. *Journal des Économistes*, 5e série, t. XXV, p. 463, art. de M. Milliet, directeur de la Régie fédérale des alcools, sur les causes de l'alcoolisme en Suisse.

2. Rapport de M. Guillemet sur le monopole de l'alcool, annexes de la Chambre, 1897, t. I, p. 160. La population suisse comptant 3 millions d'habitants environ, ce nombre de 850 000 bouilleurs aurait représenté près du tiers de la population.

II

La seconde cause à laquelle on attribuait le fléau était la mauvaise qualité des produits consommés et particulièrement de l'alcool de pommes de terre. Cet alcool était en effet consommé à l'état de flegme, à l'état brut, sans avoir subi de rectification, par une partie de la population suisse, notamment dans les cantons de Berne et de Soleure. Les impuretés, le fusel (alcool amylique) qu'il contient, lui donnaient un goût et un arôme pour lesquels les buveurs avaient une prédilection si marquée, que l'Administration du monopole s'est crue obligée, pour éviter la grève des amateurs de shnaps des cantons de Berne et de Soleure, de vendre, nous le verrons, de l'alcool de pommes de terre contenant la proportion de fusel nécessaire pour lui donner le bouquet exigé.

III

Les Cantons avaient bien essayé de remédier à ces deux causes de l'alcoolisme : consommation exagérée et mauvaise qualité de l'eau-de-vie. Dans ce but, ils avaient cherché à interdire la distillerie domestique qui ne donnait que des produits impurs, à imposer les distilleries autorisées, à réglementer la vente en détail. Mais leurs efforts étaient restés impuissants en présence du principe de la liberté de commerce et d'industrie inscrit dans la Constitution fédérale. Aussi on pensa que seule la Confédération pourrait, en vertu d'une législation uniforme, enrayer le fléau. Il en résulta que les Chambres furent saisies en 1881 d'une motion demandant au Conseil fédéral de présenter un rapport sur les mesures à prendre[1].

§ 2. — *Considérations financières.*

Les ohmgeld cantonaux, déjà condamnés au point de vue hygiénique, avaient en outre deux inconvénients économiques qui rendaient urgente leur suppression.

D'abord ils apportaient au commerce intérieur entre les Cantons des entraves dont se plaignaient surtout les Cantons viticoles.

Puis, ils avaient créé à la Suisse de sérieuses difficultés dans les négociations des traités de commerce avec les États voisins, et particulièrement avec la France, en 1864.

Aussi la Constitution de 1874 renchérissant sur celle de 1848 qui interdisait déjà d'augmenter les ohmgeld, décidait-elle que ces droits de consommation devaient prendre fin, sans indemnité, le 1er janvier 1890. Mais ces droits procuraient des recettes importantes aux Cantons, et leur suppression allait créer un déficit dans leur budget. Il était à craindre, par suite, que la disparition de ces taxes mécontentât les Cantons intéressés, qui faisaient semblant d'ailleurs de vouloir provoquer une révision de la Constitution (art. 32), pour reprendre peut-être toute liberté à l'égard des Ohmgeld. De là, la nécessité d'assurer aux seize Cantons qui percevaient des droits d'entrée, des ressources équivalentes à celles qu'ils allaient perdre.

Sous l'influence de ces diverses considérations hygié-

1. *Revue polit. et parlem.*, année 1895, t. V, art. de M. Numa Droz, p. 401.

niques et fiscales, le Conseil fédéral s'empressa de s'occuper de la motion qui lui avait été envoyée en 1881. Il organisa une vaste enquête et en consigna les résultats dans ses messages du 18 juin et du 20 novembre 1884.

Il y montrait tout d'abord la tâche qui incombe à l'initiative privée et aux Cantons. Puis, il estimait que la Confédération devait de son côté poursuivre deux buts :

1° Rendre accessible aux gens peu aisés l'usage des boissons salubres, vin, bière et cidre, en les dégrevant des droits d'Ohmgeld ;

2° Imposer, au contraire, l'alcool, ce qui permettrait de donner aux Cantons des ressources pouvant remplacer les ohmgeld, — et exercer en même temps un contrôle sur la rectification dans un but hygiénique.

Ce programme fut accepté dans son ensemble par les Chambres. Mais on fit ressortir que, pour obtenir des Cantons une meilleure police des auberges, il fallait leur donner le droit de restreindre la liberté à peu près complète du commerce, établie par la loi constitutionnelle de 1874.

Les Chambres adoptèrent, à une très grande majorité, des adjonctions à la Constitution de 1874, qui, parmi d'autres mesures, dont nous aurons à parler ultérieurement, apportent deux restrictions à la liberté commerciale et industrielle. La première de ces exceptions, formulée par l'article 31. B. du nouveau texte constitutionnel, est relative à « la fabrication et à la vente des boissons distillées, » et l'article 32 *bis* donne à la Confédération le droit de décréter, « par voie législative, des prescriptions sur la fabrication et la vente des boissons distillées. » La seconde établie par l'article 31 C, concerne les « auberges et le commerce au détail des boissons spiritueuses, en ce sens que les Cantons ont le droit de soumettre, par voie législative, aux restrictions exigées par le bien-être public l'exercice du métier d'aubergiste et le commerce au détail des boissons spiritueuses[1]. »

Le référendum étant obligatoire en matière constitutionnelle, le peuple, appelé à son tour, à assurer à la Confédération et aux Cantons, « les compétences propres à combattre la propagation de l'ivrognerie et à diminuer les abus de l'eau-de-vie », accepta les nouvelles dispositions dans le vote populaire du 25 octobre 1885.

§ 3. — *Considérations protectionnistes..*

Dès que le nouveau texte constitutionnel eut été adopté, le département de l'Intérieur se mit à étudier les mesures d'exécution. Bien que l'article 32 *bis* prévît plutôt l'institution d'un système simple d'imposition que celle d'un monopole, il soumit simultanément au Conseil fédéral trois projets de loi, dont deux, organisant, l'un, un monopole d'achat et de vente, l'autre, un monopole de fabrication et d'importation.

Les trois projets s'inspiraient ouvertement d'un esprit de protectionnisme agricole et créaient une situation privilégiée aux producteurs d'alcool indigène. On considérait, en effet, que la culture de la pomme de terre devait être favorisée et que les distilleries qui lui offraient un débouché étaient à ce titre une industrie utile au pays. On estimait, en outre, que les résidus de la distillation, vi-

1. V. *Rev. polit. et parlement.*, 1895, t. V, p. 402 et 403.

nasses et drèches, constitueraient pour le bétail une nourriture abondante[1].

§ 4. — *Circonstances qui ont facilité l'établissement du monopole en Suisse.*

I

Le monopole de fabrication et d'importation l'emporta cependant sur le système de l'imposition simple. Car, en même temps qu'il était plus conforme aux idées du parti centraliste, adversaire de la vieille autonomie cantonale, il fut présenté comme « la seule forme d'impôt qui permette au législateur de tenir la balance égale entre les intérêts opposés en jeu : le fisc, le consommateur, l'agriculture. Lui seul, disait-on, permet de donner à chaque intéressé sa part équitable dans la livraison de l'alcool nécessaire au pays : tant à l'importation, tant à la grande fabrication indigène et tant à la petite[2]. »

On pensait, en d'autres termes, que ce système empêcherait l'accaparement de la fabrication et de la vente de l'alcool par un petit nombre de particuliers, ce qui était à craindre avec un système d'imposition simple ; qu'il faciliterait la surveillance à exercer sur la fabrication indigène et l'importation, pour éviter la fraude et la contrebande, et enfin qu'il permettrait de pourvoir

1. *Rev. polit. et parl.*, 1895, t. V, p. 405 et 423.
2. Rapport fait au nom de la Commission du Conseil national par M. Geigy-Mérian, cité par M. Léon Say dans son rapport sur le monopole (*Journal des Contributions Indirectes* du 15 juillet 1888, p. 380.)

plus sûrement à la rectification de l'alcool dans un but hygiénique[1].

Le monopole, ainsi préconisé comme spécifique unique, fut voté par les Chambres le 23 décembre 1886 et obtint une grande majorité dans la votation populaire du 15 mai 1887.

Il est vrai, d'ailleurs, que les bouilleurs de cru, si nombreux en Suisse, particulièrement dans les cantons de Vaud, du Tessin et de Genève, dans toute la Suisse romane en un mot, ne pouvaient que s'empresser d'adhérer à un régime qui ne les concernait pas, qui leur a même fait un sort des plus enviables.

II

A ces deux causes : belles promesses, liberté laissée aux distillateurs de vins et de fruits indigènes, qui exercèrent une action si puissante sur le vote du monopole, s'ajoutent deux autres circonstances qui faisaient de la Suisse un milieu particulièrement favorable à l'institution de ce régime.

La première, c'est que la production indigène de l'alcool d'industrie, le seul qui ait été monopolisé, était restreinte, et le nombre des commerçants en gros peu considérable.

De ces derniers, il n'y en avait guère qu'une vingtaine établis dans quelques cantons de la Suisse[2].

Quant à la fabrication intérieure de l'alcool industriel,

1. *Rev. polit. et parl.*, année 1895, t. V. *Le monopole de l'alcool en Suisse*, par M. Numa Droz, p. 406.
2. *Id.*, p. 423.

elle était peu importante. Étant donnée l'insuffisance de matières premières indigènes utilisables, insuffisance provenant de ce que la Suisse est loin de produire la quantité de céréales nécessaires à sa consommation, cette production ne dépassait pas en moyenne 50 000 hectolitres par an, c'est-à-dire le tiers de la consommation totale évaluée à 150 000 hectolitres. Les deux autres tiers des quantités nécessaires aux besoins étaient demandés à l'Étranger, particulièrement à l'Allemagne.

Il y avait là une situation très favorable, ce nous semble, à l'introduction d'un monopole de l'alcool.

Il va sans dire, en effet, que la Confédération helvétique pouvait mettre la main sur un produit dont la fabrication était restreinte, faute d'excédent de céréales, beaucoup plus facilement que n'aurait pu le faire l'État dans un pays de grande culture où les substances agricoles pouvant être employées à la production de l'alcool sont abondantes et variées. A ce point de vue l'alcool industriel produit en Suisse, se prêtait d'autant mieux à l'exercice d'un monopole qu'il ne provenait guère que de deux sortes de substances : la pomme de terre et le maïs, et encore ce dernier était-il d'importation[1].

1. Sur les 1022 distilleries d'alcool industriel, les dix plus importantes, fabricant à elles seules 28 000 hectol., soit plus de la moitié de la production totale, mettaient en œuvre, presque exclusivement, les maïs étrangers. Les autres employaient surtout des pommes de terre indigènes.

Toutes ces fabriques ne pouvaient d'ailleurs se maintenir que grâce aux ohmgeld élevés perçus par les Cantons sur les alcools étrangers. Le prix de revient était en effet très élevé, surtout pour une distillerie d'importance moyenne.

(Rap. de M. Léon Say : *Journ. des Contrib. Ind.* du 15 juillet 1888, p. 380. — V. id. *le Monopole de l'alcool en Suisse*, par M. Numa Droz : *Revue polit. et parlem.*, année 1895, t. V, p. 411 et 423).

En outre, l'application du monopole n'a pas préjudicié à des intérêts aussi considérables que ceux auxquels elle eût porté atteinte dans un pays de grande industrie et de grand commerce. Partant, elle a pu avoir lieu sans trouver les oppositions, et sans engendrer les perturbations dans les affaires commerciales qu'elle eût soulevées dans une nation où le commerce est important.

III

Enfin, il est une dernière circonstance qui permit au monopole de s'établir, sans entraîner de grands frais de premier établissement. Ce sont les dispositions de la loi suisse qui n'admet pas que les bénéfices industriels et commerciaux puissent donner ouverture au paiement d'une indemnité quelconque en matière d'expropriation pour cause d'utilité publique.

Aussi les commerçants en gros et en demi-gros qui ont pu être lésés par l'établissement du nouveau régime, n'ont-ils reçu aucun dédommagement, quelque préjudice que le monopole leur ait causé [1].

De même, les distillateurs n'ont été indemnisés qu'en raison de la moins-value résultant pour les bâtiments et appareils servant à la distillation de l'exécution de l'article premier de la loi du 23 décembre 1886, c'est-à-dire de l'arrêt complet de leur industrie. On n'a tenu aucun compte, pour déterminer l'indemnité, des bénéfices précédemment retirés par eux de leur exploitation ; et en-

1. Rap. de M. Léon Say (*Journal des Contrib. Ind.*, du 15 juillet 1888, p. 381).

core, a-t-il fallu, pour qu'ils soient indemnisés de ladite moins-value, que leurs distilleries aient été établies avant le 25 octobre 1885, et exploitées jusqu'à cette époque (*art. 18 de la loi*).

De là il résulte que la Confédération n'a eu à payer à titre d'indemnité de dépréciation que la différence entre la valeur des distilleries comme telles et la valeur des bâtiments et appareils pour un usage autre que la distillation.

En 1892, à la fin de la période de liquidation, le total des indemnités ne dépassait pas 4 057 097 fr. 94, y compris tous les frais accessoires, tandis qu'il avait été réclamé 7 512 991 fr. 81, le nombre de réclamations s'élevant d'autre part à 1 376.

D'après M. Numa Droz, ancien président de la Confédération helvétique, à qui nous empruntons ces chiffres, la somme de 4 057 097 francs aurait été inférieure aux prévisions[1].

D'après M. Léon Say, au contraire, le Gouvernement aurait évalué à trois millions le montant des indemnités à payer aux distilleries, de sorte que la somme réellement versée (4 057 097 fr. 94), aurait dépassé de 1 057 097 francs la somme prévue[2].

1. *Rev. polit. et parlem.* — *Le monopole de l'alcool en Suisse*, p. 412.
2. Ces 3 millions d'indemnité ne devaient s'appliquer qu'à 800 distilleries (Rap. de M. Léon Say, *Journ. des Contrib. Ind.* du 15 juillet 1888, p. 381).

4

SECTION II

RÉGIME DES ALCOOLS SOUS LE MONOPOLE

§ 1. — *Régime des eaux-de-vie naturelles.*

I

La Révision constitutionnelle de 25 octobre 1885 (art. 32 bis) donnait à la Confédération « le droit de décréter par voie législative des prescriptions sur la fabrication et la vente des boissons distillées. » Mais, elle exceptait de la législation future, les produits « de la distillation du vin, des fruits à noyaux ou à pépins et de leurs déchets, des racines de gentiane, des baies de genièvre et d'autres matières analogues. » Elle limitait par là-même aux alcools d'industrie les prescriptions à intervenir sur la fabrication et l'imposition des spiritueux.

Aussi, la loi d'application du 23 décembre 1886, organisant le monopole, donne-t-elle seulement à la Confédération « *le droit de fabriquer et d'importer les spiritueux dont la fabrication est soumise à la législation fédérale,* » c'est-à-dire les alcools industriels.

Cela étant, les eaux-de-vie naturelles provenant *du vin ou des fruits d'origine indigène* jouissent d'une liberté absolue qui présente un contraste saisissant avec la réglementation sévère qui régit l'alcool d'industrie. Il y a là, si l'on veut, une exception au monopole. Mais cette exception est si large, ses conséquences si contraires au double but hygiénique et fiscal poursuivi par le législateur du 23 décembre 1886, qu'il convient d'en faire l'objet d'une étude spéciale.

II

Nous disons des eaux-de-vie de vins et de fruits *indigènes* qu'elles jouissent d'une liberté absolue. Avant l'arrêté du 20 novembre 1887, il en était ainsi pour toutes les eaux-de-vie, quelle que fût leur provenance.

La disposition de l'article 32*bis* de la Constitution fédérale avait surtout pour but de garantir une protection, ou, suivant les termes du Message du 20 novembre 1884, « un allégement aux producteurs de matières indigènes[1] ». Néanmoins, comme le texte ne distingue pas suivant qu'il s'agit d'eaux-de-vie de vins ou de fruits de provenance *indigène* ou *étrangère*, le Conseil fédéral avait exempté également des prescriptions du monopole, au début de l'application de ce régime, les eaux-de-vie naturelles importées ou fabriquées en Suisse avec des vins ou des fruits étrangers. C'est ainsi qu'il en décidait dans son arrêté d'exécution du 15 juillet 1887[2].

Il pensait d'ailleurs, que les eaux-de-vie naturelles fabriquées en Suisse ou importées reviendraient à un prix si élevé qu'il ne serait pas nécessaire, pour en restreindre la consommation, de les renchérir davantage en les imposant[3].

1. *Économiste Français*, année 1890, t. I, p. 68.

2. Arrêté du Conseil fédéral du 15 juillet 1887, art. 3, al. 2 (*Rev. polit. et parlem.*, année 1895, t. V, p. 410).

3. *Économiste français*, année 1890, t. I, p. 68. — V. *id.*, rap. de M. Léon Say (*Journal des Contr. Ind.* du 15 juillet 1888, p. 380).

Mais bientôt on se mit à importer, sous le nom d'eaux-de-vie de marc et de cognac, des spiritueux à des prix si bas, qu'après avoir été dégrevés de la taxe de 80 francs par q. m., établie par l'article 3 de la loi sur les spiritueux de qualité supérieure introduits en Suisse par les particuliers, ces produits étaient à meilleur marché que ceux vendus par la régie.

D'autre part, les distilleries indigènes commencèrent aussi à fabriquer en grande quantité des eaux-de-vie avec des figues, des raisins secs et des marcs de raisin d'origine étrangère[1].

Pour mettre un terme à cette situation préjudiciable à l'hygiène et au rendement financier du monopole, un arrêté du 20 décembre 1887 décida que l'article 32 bis de la Constitution de 1885 ne s'appliquerait plus qu'aux produits indigènes.

De là, il résulte que les eaux-de-vie fabriquées en Suisse avec des vins, fruits et leurs déchets suivent un régime distinct suivant la provenance étrangère ou indigène des matières premières.

Celles qui proviennent de vins et de fruits étrangers sont désormais soumises au monopole, en ce sens qu'elles doivent acquitter la taxe de 80 francs par q. m. prescrite par l'art. 3 de la loi du 23 décembre 1886. Cette taxe dite *finance de monopole* se perçoit d'ailleurs soit au moment de l'importation de la matière première (raisins, marcs de raisins, lies, cerises, prunes, racines de gentiane), soit au moment de la distillation dans le pays

1. *Le Monopole de l'alcool en Suisse*, par M. Numa Droz (*Rev. polit. et parlem.*, 1895, t. V, p. 412).

(vins)[1]. Pour toute cette catégorie d'eaux-de-vie, la liberté des distillateurs de vins et de fruits se trouve restreinte.

III

Au contraire, les eaux-de-vie obtenues en Suisse par la distillation des vins, lies, fruits et leurs déchets, etc., de *provenance indigène* restent complètement en dehors du monopole. Les producteurs de ces alcools qui correspondent en Suisse à nos bouilleurs de cru jouissent d'un privilège exorbitant. Ils sont affranchis de toute formalité, de tout contrôle, non seulement au point de vue de la fabrication, mais encore de la qualité des produits qu'ils livrent à la consommation[2].

Ils peuvent distiller eux-mêmes leurs matières premières ou les livrer à des tiers pour les distiller et vendre leurs eaux-de-vie comme ils l'entendent, tandis que les producteurs d'alcool d'industrie sont obligés de vendre à l'État et de subir ses prix. Ils sont exemptés de tout paiement de taxe, tandis qu'au contraire les eaux-de-vie étrangères et les alcools d'industrie sont soumis à l'impôt[3].

1. Rapport présenté par le Conseil fédéral à l'Assemblée fédérale sur la gestion de la régie pour l'année 1890 (*Journ. des Contrib. Ind.* du 13 sept. 1892, p. 380, et du 29 sept. 1892, p. 102).

2. *Journal des Économistes*, 5e série, t. XIII-XIV. *Les monopoles fiscaux*, par M. René Stourm, p. 339 et 341. — V. *id.*, Rap. ci-dessus : (*Journ. des Contrib. Ind.* du 29 sept. 1892, p. 403.)

3. *Revue polit. et parlem.*, année 1895, t. V. *Le monopole de l'alcool en Suisse*, par M. Numa Droz, p. 412. — Rap. de M. Léon Say, (*Journ. des Contrib. Ind.* du 15 juillet 1888, p. 380, et du 22 juillet 1888, p. 394). Toutefois les Cantons sont chargés de la surveillance sur la fabrication et la vente de l'eau-de-vie des bouilleurs de cru (art. 9 de la loi du 23 déc. 1886).

Les bouilleurs de cru de la Suisse jouissent donc d'un privilège plus étendu que ceux de la France, en tant qu'ils peuvent brûler en toute liberté des matières premières même d'achat, pourvu qu'elles

Les conséquences de cette liberté et de cette immunité fiscale accordées aux bouilleurs de cru ont été ce qu'elles devaient être : nuisibles au fisc et à l'hygiène.

Le renchérissement par l'impôt des spiritueux soumis au monopole rendant rémunératrice la distillation des substances non monopolisées, le nombre des bouilleurs de cru est « très respectable », suivant l'expression de M. Numa Droz, et va toujours grandissant[1].

De son côté, la Régie elle-même évalue à **18 000** hectolitres à 50°, soit 11 °/₀ de la consommation du pays, la quantité d'alcool échappant annuellement à l'impôt du fait des distillateurs de matières indigènes non soumises au monopole[2]. En **1894** et **1895**, à la suite d'excellentes et abondantes récoltes de vins et de fruits, cette quantité s'est même élevée, d'après les évaluations officielles, à **32 000** hectolitres, soit à **18** °/₀ de la consommation totale[3].

Pourtant, il est probable que ces évaluations, si fortes qu'elles soient, sont encore inférieures à la réalité. Car on ne peut guère douter que les bouilleurs de cru n'usent et n'abusent de la franchise exceptionnelle qui leur est accordée, certains qu'ils doivent être d'ailleurs de trouver un bon débouché à leurs produits, qui, par leur bouquet d'impuretés, doivent, en Suisse comme en France, satisfaire les consommateurs dans leurs goûts.

soient de provenance indigène, et écouler librement leurs eaux-de-vie, sans avoir aucun droit à payer.

1. *Le Monopole de l'alcool en Suisse*, par M. Numa Droz : *Rev. polit. et parl.*, année 1896, t. V, p. 388.

2. *J. O.*, Débats parlement. : Séance du 11 juin 1895, discours de M. Fleury-Ravarin.

3. *Journal des Contrib. Ind.* du 28 octobre 1895, p. 425, — et journal *L'Alcool*, année 1897, n° 5, *Les véritables causes de la diminution de la consommation de l'alcool en Suisse*, par le Dr Rochat, p. 66.

§ 2. — *Mécanisme du monopole des alcools d'industrie.*

Le monopole qui régit ces alcools peut être regardé comme le type d'un monopole complet, avec cette restriction toutefois qu'il ne s'étend pas à la vente en détail. Il est à la fois un monopole de fabrication des alcools indigènes, un monopole d'importation des alcools étrangers, un monopole de rectification et enfin un monopole de vente en gros.

Examinons chacun de ces monopoles :

Monopole de fabrication des alcools indigènes. — La loi du 23 décembre 1886 (art. 1), réserve en principe à la Confédération le droit exclusif de fabriquer et d'imposer « les spiritueux dont la fabrication est soumise à la législation fédérale », c'est-à-dire les alcools d'industrie. Cependant la même loi rétrocède immédiatement à la production indigène la fourniture du quart des spiritueux nécessaires aux besoins.

Les producteurs indigènes continuent donc à subsister. Mais leur fabrication n'est plus libre. Elle est réglementée, classifiée, placée dans un état d'étroite subordination vis-à-vis de son unique acheteur, la Confédération.

En effet, les matières premières : bière, sucre, betteraves, mélasses, pommes de terre, céréales sont monopolisées sous le nom de « matières soumises au monopole[1] ». Leur mise en œuvre n'est permise qu'aux distillateurs

1. Extrait du rapport du Conseil fédéral sur la gestion de la Régie des alcools pour l'exercice 1890 (*Journal des Contribut. Indir.* du 13 septembre 1892.)

qui ont passé un contrat de livraison avec la Confédération dans les conditions déterminées par l'article 2 de la loi, et le cahier des charges du 9 septembre 1887[1].

Aux termes de ce cahier des charges[2], « les livraisons sont mises au concours par lots de 150 hectolitres au moins, et de 1 000 hectolitres au plus d'alcool pur. Une distillerie ne peut obtenir en adjudication qu'un seul lot par an, et un lot ne peut pas être partagé entre plusieurs distilleries.

Lors de l'adjudication, on donne la préférence :

En premier lieu, aux associations agricoles qui emploient des matières premières indigènes.

En deuxième lieu, aux distilleries qui emploient également des matières premières indigènes.

En troisième lieu, aux associations agricoles qui mettent en œuvre des matières premières étrangères.

En quatrième lieu, aux distilleries particulières qui mettent en œuvre ces mêmes matières.

Au point de vue du prix de soumission et même de la pureté des alcools, les producteurs ne sont pas traités non plus sur le pied de l'égalité. Les offres des distilleries sont réparties en quatre classes, suivant l'importance de leur production annuelle, savoir :

1re catégorie. — Distilleries produisant de 150 à 200 hectolitres.

1. Arrêté d'exécution pris par le Conseil fédéral en date du 15 juillet 1887, article 1-B. (*Revue polit. et parlement.* 1895, t. V, p. 409).

2. Rapport de M. Léon Say (*Journal des Contrib. Indir.* du 15 juillet 1888, p. 380).

2e catégorie. — Distilleries produisant de 201 à 400 hectolitres.

3e catégorie. — Distilleries produisant de 401 à 700 hectolitres.

4e catégorie. — Distilleries produisant de 701 à 1000 hectolitres.

Dans chacune de ces classes, la priorité appartient au soumissionnaire qui réclame le prix le plus bas. Si les mêmes circonstances de priorité se rencontrent en faveur de plusieurs concurrents d'une même classe, c'est celui qui soumissionne pour le lot le plus petit qui a la préférence.

Aux termes du cahier des charges, les prix doivent être échelonnés selon les classes auxquelles appartiennent les soumissionnaires, et en raison de la provenance des matières premières qu'ils utilisent. Le maximum en est fixé de manière à assurer en tous cas aux distillateurs, sous réserve d'installations convenables et d'une exploitation rationnelle, les résidus francs de tous frais[1].

Ce réseau de formalités et de restrictions enserrant les fabriques d'alcool indigène, a eu pour conséquence la disparition d'un grand nombre de distilleries qui ne purent supporter le nouveau régime. Des 1 022 fabriques

1. Comme on peut en juger, ce cahier des charges fait une situation particulièrement avantageuse à la mise en œuvre des matières premières indigènes. En outre, le maximum de 1 000 hectolitres tend à éliminer les grandes fabriques qui, travaillant toute l'année, pourraient produire beaucoup plus de 1 000 hectolitres. Par là même, il évite l'accaparement de la production par les usines importantes au détriment des petites distilleries annexées à des établissements agricoles. Quant au minimum de 150 hectolitres, il peut s'expliquer, ce nous semble, par le désir qu'on a eu de faire disparaître les petites distilleries qui inondaient le pays de *shnaps*.

d'alcool industriel existant avant l'introduction du monopole, il n'en reste plus que 64 à 66[1], au lieu des 200[2] que le Gouvernement espérait conserver.

On peut dire de ces distilleries qu'elles constituent, suivant l'expression de M. Léon Say, des fournisseurs de l'État, le corps des fermiers de la distillation, sorte de fonctionnaires chargés par l'État de produire les alcools pour une consommation réglée par la loi[3].

Elles sont du reste étroitement surveillées. Chacune d'elles est placée sous la surveillance d'un contrôleur général chargé par l'Administration de vérifier l'entrée des matières premières et de s'assurer que la totalité de l'alcool produit est dirigé dans un réservoir placé sous scellés. Toute la robinetterie et la tuyauterie de l'appareil réfrigérant est également sous scellés, afin d'empêcher le personnel de l'usine de distraire la moindre quantité de l'alcool condensé. On s'assure en outre que la totalité de l'alcool produit correspond à la quantité de matières premières mises en œuvre[4].

A ces distilleries le monopole paie des prix deux ou trois fois plus élevés que la valeur réelle de l'alcool. En effet, tandis que la Régie achète les alcools étrangers au prix moyen de 30 francs le q. m., non compris le droit d'entrée fédéral, elle paie aux fabriques indigènes 88 à

1. *Les monopoles fiscaux*, art. de M. René Stourm : *Journ. des Économistes*, 5e série, t. XIII-XIV, p. 339, note 2. — *Le monopole de l'alcool en Suisse*, par M. Numa Droz : *Rev. polit. et parlem.*, année 1895, t. V, p. 424.

2. Rap. de M. Léon Say, *Journ. des Contrib. Ind.* du 15 juill. 1888, p. 380.

3. Rap. de M. Léon Say, *Journ. des Contrib. Ind.* du 14 octobre 1888, p. 549.

4. *Journ. des Contr. Ind.* du 13 août 1893, p. 352.

91 francs en moyenne par q. m. La prime ainsi accordée à la production intérieure est d'après la Régie de 58 fr. 68 par q. m. de trois six à 95°/96°, soit presque de 200 % de la valeur marchande de l'alcool[1]. Nous verrons plus tard quelle est l'influence, sur le rendement fiscal du monopole, de cette protection accordée à la production indigène.

Monopole d'importation. — Après avoir acheté aux producteurs indigènes, le quart des spiritueux nécessaires à la consommation, la Régie se réserve le droit d'importer de l'étranger les trois autres quarts.

Les alcools qu'elle achète particulièrement en Allemagne et en Autriche-Hongrie sont de diverses qualités et de prix différents. Ce sont des alcools bruts et surtout des trois-six extra-fin, surfin et fin[2].

Par exception au monopole d'importation, les particuliers conservent le droit d'importer les spiritueux dits de « qualité supérieure ». Sous ce nom, on désigne tous les produits obtenus ou transformés par la distillation et qui peuvent être consommés dans l'état où ils sont importés, c'est-à-dire les eaux-de-vie et liqueurs de toutes sortes : Eaux-de-vie de vin, de fruits, Cognac, Rhum, Crème d'anana, Parfait-Amour, Liqueur Chausse-pied, etc. Toutes ces boissons sont admises en libre importation, moyennant le paiement d'une finance de monopole de 80 fr. par q. m., poids brut, en sus du droit d'entrée,

1. *Rev. polit. et parlem.*, année 1895, t. V, p. 419 et 423.
2. *Revue polit. et parl.*, année 1895, t. V., *le Monopole de l'alcool en Suisse*, par M. Numa Droz, tabl. de la p. 418.
Le prix de revient relativement élevé de l'alcool en France empêche notre pays de participer aux achats de la Régie.

sans égard à la contenance en alcool (art. 3 de la loi)[1].

Monopole de rectification. — Au monopole d'achat des alcools d'industrie indigènes et étrangers succède le monopole de rectification.

Cette opération se fait dans l'établissement de la régie à Délémont; mais elle se trouve simplifiée par suite de trois circonstances dont l'une a son origine dans la loi.

Tout d'abord, l'Administration n'a pas à rectifier les trois-six étrangers qui forment la plus grosse partie de ses achats; car ils ont déjà le degré de pureté voulu. Elle ne fait qu'en vérifier la qualité.

Puis les alcools livrés par les distilleries indigènes doivent satisfaire aux conditions de pureté, exigées par le cahier des charges du 9 septembre 1887[2]. Ils ne doivent pas contenir, à peine de réduction des prix, plus de 2 p. 1 000 d'impuretés alcooliques, ou plus de 5 p. 1000, suivant les appareils employés dans les distilleries. Ils doivent, en outre, être exempts d'impuretés métalliques perceptibles et ne pas provenir de matières premières en décomposition. Par suite, la rectification n'est plus, lorsqu'elle est nécessaire[3], qu'une rectification complémentaire.

1. *Journ. des Économistes*, 5me série, t. XIII-XIV. *Les Monopoles fiscaux*, par M. René STOURM, p. 341, note 2 et p. 353 note 1 ; — V. *id.* rap. du Conseil fédéral pour 1890 (*Journ. des Cont. Ind.* du 29 sept. 1892, p. 402).

2. Rap. de M. Léon Say (*Journ. des Contrib. Ind.* du 15 juillet 1888, p. 380).

3. En effet, certaines usines indigènes arrivent à fournir un produit assez pur pour être livré tel quel à la consommation. Il en a été ainsi de quatre distilleries parmi les plus importantes pour

Enfin, cette rectification complémentaire n'est pas une rectification absolue; c'est seulement une rectification *suffisante* (art. 1 de la loi), c'est-à-dire incomplète en réalité, surtout en ce qui concerne l'alcool de pommes de terre.

Monopole de vente en gros. — La Confédération n'a pas établi de débits officiels; elle ne fournit directement à la consommation, ni eaux-de-vie, ni liqueurs, ni aucune autre boisson proprement dite. Elle vend seulement dans les entrepôts régionaux les matières principales nécessaires à la fabrication des boissons distillées, c'est-à-dire des trois-six et de l'alcool brut de pommes de terre. Ces matières entrent dans la consommation par l'intermédiaire du fabricant et du commerçant d'eau-de-vie[1].

C'est dire que la Confédération admet le commerce des spiritueux par les particuliers, d'autant mieux qu'elle vend par quantité d'au moins 150 litres (art. 4 de la loi), puisque 150 litres à 95° représentent 300 à 400 litres d'eau-de-vie ou de liqueurs[2]. Par suite, l'établissement du monopole n'a guère préjudicié qu'aux vingt maisons de commerce en gros existant en Suisse avant 1887.

l'année 1890. Des primes sont d'ailleurs accordées aux producteurs, quand la teneur en impuretés de leurs livraisons est inférieure aux limites déterminées (Rap. du Conseil fédéral sur la gestion de la Régie, p. 1890. — V. id. *Journ. des Contrib. Ind.* du 13 août 1893, p. 352.)

1. Rap. du Cons. fédéral sur la gestion de la Régie pour 1890 (*Journ. des Contrib. Ind.* du 29 septembre 1892, p. 403, et du 13 février 1893, p. 71.)

2. Débats parl., Chambre, séance du 11 juin 1895, discours de M. Fleury-Ravarin.

Une fois les matières premières payées et enlevées des entrepôts fédéraux[1], les détenteurs en deviennent maîtres. Il peuvent les manipuler et les transformer à leur gré en boissons de toutes sortes sans que la Régie ait plus à s'en occuper. Ils peuvent les revendre au prix qu'ils veulent[2] et par quantités supérieures ou inférieures à 40 litres, suivant qu'ils sont commerçants en gros ou commerçants en détail : aubergistes et débitants autorisés et patentés par les Cantons (art. 8).

Le prix de vente de l'alcool du monopole est fixé de temps en temps par le Conseil fédéral et publié dans la feuille fédérale. Il ne doit être ni inférieur à 120 francs, ni supérieur à 150 francs par hectolitre d'alcool absolu, fût non compris (art. 4).

En fait les prix de vente de l'alcool potable ont été fixés d'abord à 152 fr. le q. m. à 95° pour le trois-six extra-fin, 145 fr. pour le surfin et 140 fr. pour le fin. Puis, à partir du 17 janvier 1888, ils ont été portés et sont demeurés dès lors à 175 fr., 170 fr., et 167 fr. le q. m. à 95°[3], ce qui met le prix moyen du q. m. à 170 fr., et celui de l'hectolitre d'alcool à 100° à 146 fr., y compris

1. Les livraisons de la Régie se font sur commande et au comptant, sans escompte ni autre faveur quelconque. Les frais de transports sont à la charge de l'Administration. Comme celle-ci ne prête pas de fûtaille, l'acheteur peut envoyer la sienne, ou en acheter à la Régie. — (*Rev. polit. et parlement.*, 1895, t. V, p. 414).

2. D'après le rapport du Cons. fédéral pour l'année de gestion 1890, certains débitants revendraient les alcools de la Régie à des prix quatre fois plus élevés, à emporter, et sept fois plus élevés, sur place, que le prix maximum du monopole (*Journ. des Contr. Ind.* du 13 fév. 1893, p. 72).

3. *Rev. polit. et parl.* 1895, t. V : *Le monopole de l'alcool* par M. Numa Droz, p. 421.

le bénéfice du monopole ou l'impôt qui, d'après M. René Stourm, ne dépasse pas 61 à 65 fr.[1].

Voilà tout le monopole suisse. S'il ne s'applique guère qu'aux alcools d'industrie, il est, pas rapport à eux, un monopole très étendu, presque complet. En effet, la Régie détient ces alcools depuis leur fabrication dans les distilleries indigènes jusqu'à la vente en gros dans ses magasins. Après cette vente, elle les laisse libres entre les mains des commerçants et les fabricants de liqueurs, liberté favorable sans doute au commerce et à l'industrie, mais critiquable au point de vue hygiénique.

SECTION III

RÉSULTATS HYGIÉNIQUES DU MONOPOLE

La Confédération, en tant qu'établissant le monopole de l'alcool dans un but hygiénique, s'est proposé à la fois de rendre l'eau-de-vie « plus hygiénique au moyen d'une épuration rigoureuse » et d'en diminuer la consommation. A-t-elle réussi dans cette double tâche? La

1. Le q. m. à 95° représente environ 122 litres d'alcool, ce qui met le prix de l'hectolitre à 95° à 139 fr. et à 100° à 146 fr. environ.

M. René Stourm évalue, par un calcul différent du nôtre, le prix de vente de l'hectolitre à 100° à 144 fr. 35 environ, pour l'année de gestion 1891-1982. (*Journ. des Économistes*, 5e série, t. 13-14. *Les monopoles fiscaux*, p. 343 et 344. — V. art. du même dans *Rev. polit. et parl.*, année 1895, t. III, p. 231.

qualité des spiritueux a-t-elle été améliorée? La consommation en a-t-elle été réduite?

§ 1. — *De la qualité des spiritueux sous le régime du monopole.*

La tâche de la régie concernant la pureté des spiritueux est limitée aux trois-six qui font l'objet de ses ventes. Par là même, l'utilité hygiénique du monopole est à peu près illusoire.

En effet, l'Administration fédérale n'exerce aucun contrôle, aucune surveillance sanitaire ni sur les eaux-de-vie produites par les bouilleurs de cru, ni sur celles fabriquées avec des matières premières importées, ni sur les spiritueux prétendus de qualité supérieure, admis en libre importation, moyennant paiement de la finance de monopole. Quelque danger qu'elles puissent présenter pour l'hygiène en raison de leurs impuretés, toutes ces boissons entrent dans la consommation sans l'intermédiaire de la Régie, sans que celle-ci les fasse passer par ses filtres protecteurs de la santé publique, et, ce qui plus est, leur innocuité n'est l'objet d'aucune vérification de la part de l'Administration du monopole.

De même, la Régie se désintéresse de la qualité des eaux-de-vie et liqueurs fabriquées par les commerçants avec l'alcool qu'elle leur a vendu. Une fois qu'ils ont acheté la « marchandise incolore et inodore »[1] du mono-

1. « L'alcool absolument fin livré par la Régie, dit le rapport de 1887-1888, est une marchandise incolore et inodore, sans goût particulier et sans autre effet sur les organes digestifs que celui d'une sen-

pole, c'est-à-dire le trois-six nécessaire à la fabrication des liqueurs, ceux-ci demeurent libres d'en faire des boissons de toutes sortes, en y ajoutant des substances qui sont parfois plus toxiques que celles dont l'alcool fédéral avait été débarrassé par la rectification. Ils ont la faculté de couper, aromatiser, transformer à leur gré la matière première qui leur a été livrée par l'Administration [1]; or, il n'est pas douteux que certains débitants, abusant de cette liberté, fabriquent avec l'alcool rectifié du monopole ces breuvages que M. Claude (des Vosges) qualifie si justement de « mixtures innomables », et qui sont d'autant plus dangereux pour l'hygiène que leur consommation est en général considérable.

Sans doute, la police cantonale est autorisée à saisir toute denrée malsaine mise en vente ou en étalage dans les débits et marchés, et on peut dire que les Cantons mettent tout le zèle désirable à protéger la santé publique contre les liqueurs sophistiquées [2]. Mais, toutes les

sation brûlante. » Ce n'est donc pas une boisson, mais, comme nous l'avons dit déjà, la matière première destinée à faire des eaux-de-vie et liqueurs.

1. Journ. *l'Alcool*, de juillet 1897, n° 7 : *Les véritables causes de la diminution de la consommation de l'alcool en Suisse*, par le Dr ROCHAT, p. 105. — V. id. *Journ. des Économistes*, 5e série, t. XIII-XIV; *Les monopoles fiscaux*, par M. René STOURM, p. 341-342.

2. Rap. du Cons. fédéral sur la gestion de la Régie des alcools pour 1890. (*Journ. des Cont. Ind.* du 29 septembre 1892, p. 403) — V. id. *Le monopole de l'alcool en Suisse*, par M. NUMA DROZ; *Rev. pol. et parl.*, t. V, p. 426-427.

Le canton de Bâle-Ville a dû établir le monopole cantonal des liqueurs pour éviter l'emploi des huiles essentielles dans leur fabrication. Ce monopole a d'ailleurs en même temps un but fiscal (Débats parlement. Chambre. — Séance du 11 juin 1895. -- Discours de M. Vaillant.)

boissons alcooliques[1] restant en somme indépendantes du monopole au point de vue hygiénique, on ne voit plus quelle est l'utilité de la rectification des alcools bruts par la Confédération. C'est surtout contre la toxicité des impuretés artificielles des spiritueux composés qu'il eût fallu sauvegarder la santé publique. Et certes, les mesures même réduites à un simple contrôle qui auraient été prises dans ce but par le monopole, n'auraient pas été superflues, tant s'en faut, à côté de celles prises par les Cantons[2].

Il y a plus. Il nous eût semblé *a priori* que la Confédération devait d'autant mieux remplir sa tâche concernant la pureté des alcools qui font l'objet de son monopole, que cette tâche est plus restreinte et partant plus facile à remplir. Protectrice de la santé publique, elle devrait les rectifier rigoureusement. Elle ne devrait vendre qu'une seule qualité d'alcool, la meilleure, la plus parfaite, c'est-à-dire de l'alcool éthylique aussi pur que possible.

Est-ce là ce qu'elle a fait? Nullement, elle se contente « de pourvoir à ce que les spiritueux destinés à être transformés en boissons soient suffisamment rectifiés », suivant les termes mêmes de l'article 1 de la loi du 23 décembre 1886.

Pourquoi une telle disposition?

Voici les intéressantes explications que nous fournit le rapport du Conseil fédéral sur la gestion de la Régie

1. Rap. du Cons. féd. sur la gestion de la Régie, p. 1890. *Journ. des Cont. Ind.* du 29 septembre 1892, p. 403.

2. D'ailleurs la surveillance des Cantons aurait pu tout aussi bien s'exercer sans la main mise de la Confédération sur la fabrication et la rectification des alcools industriels.

pour 1890, et qui ne sont d'ailleurs que la reproduction de celles d'un Message du 8 octobre 1886.

« Le fusel particulier de l'alcool de pommes de terre est considéré comme bouquet par une partie des consommateurs suisses (notamment dans les cantons de Berne et de Soleure). La législation n'avait aucune raison de s'opposer à ce goût spécial par l'exigence de la rectification absolue de l'alcool de pommes de terre. »

« Il n'est pas d'abord démontré qu'une proportion limitée du bouquet de l'alcool de pommes de terre soit plus nuisible pour la santé du consommateur que la quantité équivalente du bouquet des autres eaux-de-vie et liqueurs... Retirer entièrement du commerce l'alcool brut de pommes de terre, c'eût donc été introduire sans raison majeure une pratique d'inégalité. C'eût été refuser au consommateur d'eau-de-vie de pommes de terre ce que la loi et la pratique concèdent au consommateur de cognac ou d'absinthe : l'arome spécial préféré du buveur. »

« La suppression complète de la consommation de l'eau-de-vie de pommes de terre n'aurait pu, du reste, avoir lieu que bien difficilement, vu la préférence très prononcée de certaines parties du pays pour ce produit. »

« La rectification absolue, que nous aimerions à recommander à titre d'idéal, aurait très probablement pour résultat de faire entrer les huiles odorantes (fusel) dans le commerce sous le nom d'essence d'eau-de-vie de pommes de terre... et d'engager les fabricants ou marchands à ajouter à l'alcool rectifié de l'essence en quantités non contrôlées, afin de satisfaire au goût des buveurs. »

La Confédération croyait-elle sérieusement éviter ce danger en laissant dans le *shnaps* le fusel nécessaire pour lui donner l'arome exigé du consommateur? N'était-ce pas plutôt engager le commerce à suivre l'exemple de l'État, et à augmenter la proportion d'impuretés de l'alcool de la Régie, pour en relever le goût et augmenter ainsi sa clientèle?

Mais laissons là tous ces prétextes.

Le fait, c'est que la Régie vend dans la proportion de 13 1/2 % de la consommation totale un alcool *brut* de pommes de terre contenant 1 1/2 ‰ de fusel (alcool amylique), proportion d'impureté qu'elle obtient soit en rectifiant incomplètement cet alcool, soit en mélangeant du trois-six rectifié avec des flegmes de pommes de terre[1].

L'Administration nous affirme, il est vrai, que cette quantité d'huile odorante suffisante pour obtenir le goût et l'arome si appréciés par les amateurs de shnaps est si minime qu'on ne peut plus la considérer comme nuisible à la santé.

Mais cette explication ne vaut que comme circonstance atténuante. Du moment qu'elle s'est constituée protectrice de l'hygiène contre les impuretés de l'alcool, la Confédération devrait rectifier, autant qu'il est possible

1. Le rapport du Conseil fédéral sur la gestion de la Régie pour 1890 nous apprend, en effet, que, « pour faire face au reste de ses commandes (d'alcool de pommes de terre), on a mélangé de l'alcool brut de pommes de terre qui n'était pas assez pur par lui-même avec une quantité de trois-six suffisante pour que le mélange ne dépassât la limite prescrite de 1 1/2 ‰ d'impuretés alcooliques » (*Journ. des Contrib. Ind.* du 13 oct. 1892, p. 426.) — De là, le reproche adressé au monopole par M. Numa Droz, ancien président de la Confédération helvétique, « les amateurs de shnaps ne retrouvant plus dans l'eau-de-vie faite avec l'alcool rectifié le goût de fusel cher à leur palais, la Confédération a dû en verser de nouveau dans son alcool à raison de 1 1/2 ‰. »

de le faire, les « spiritueux destinés à être transformés en boissons ». Car, en laissant dans l'alcool de pommes de terre une dose de fusel, si minime soit-elle, elle lui laisse une part de sa toxicité.

Puis pourquoi constituer avec tant de frais un monopole de rectification, si ce monopole ne donne que les résultats qu'on eût pu obtenir sous un régime de simple imposition, en refoulant tout alcool étranger qui n'aurait pas été reconnu pur, et en faisant rectifier les produits indigènes aux frais des distillateurs [1] ? N'eût-il pas été plus simple d'exiger de ceux-ci une rectification en somme un peu plus parfaite que celle qui est déjà prescrite par le cahier des charges ?

Non seulement la Confédération vend de l'alcool brut de pommes de terre, mais encore elle livre trois qualités de trois-six d'une pureté différente. Elle vend du trois-six extra-fin (weinsprit) dans la proportion de 6, 7 dixièmes p. 100 ; du surfin (primasprit) dans la proportion de 11 p. 100 ; et enfin du trois-six fin (feinsprit) dans la proportion de 65 p. 100 [2].

La Régie nous apprend elle-même que ce dernier au moins, dont la vente est la plus importante [3], laisse à désirer sous le rapport de la pureté. Voici du reste les renseignements qui nous sont fournis par le rapport du Conseil fédéral pour l'année de gestion 1890 sur la qualité de ces trois types d'alcool.

1. C'est le système préconisé par M. Numa Droz, partisan d'un régime simple d'imposition. *Rev. polit. et parl.* 1895, t. 5, p. 428.

2. Débats Parl. Ch. séance du 11 juin 1895. Discours de M. Fleury-Ravarin. — M. Fleury-Ravarin indique une quatrième qualité d'alcool vendu par la Régie : du double f. fin dans la proportion de 3, 7 p. 100.

3. V. id. *Journ. des Économistes*, 5e série, t. 13-14, p. 344 ; *Les monopoles fiscaux*, par M. René Stourm.

« Le bon goût ne renferme point, ou du moins ne renferme pas de qualités appréciables de produits secondaires [1]. Ceux-ci par contre *sont plus fortement* représentés dans les trois-six de tête et de queue. Un mélange de ces derniers avec le bon goût, correspond à la marque trois-six fin (feinsprit) de la Régie, le bon goût seul, à la marque trois-six surfin (primasprit). Un bon goût séparé avec un soin particulier correspond à la marque trois-six extra-fin (weinsprit). Les trois-six surfin et extra-fin doivent être soumis en outre, indépendamment de la rectification, à un procédé spécial de raffination. »

Comme on peut en juger, la Confédération profite largement de la disposition de l'article 1er de la loi du 23 décembre 1886, qui s'est contentée d'exiger une rectification suffisante des spiritueux, en laissant « à l'Administration, nous dit le rapport précité, le soin de déterminer, d'après les renseignements de la science et de la pratique, ce qu'il faut envisager comme suffisamment pur. »

C'était laisser à l'État, poussé par l'intérêt pécuniaire, une liberté bien dangereuse pour l'hygiène. Aussi la Confédération, au lieu d'interpréter dans un sens étroit le texte de l'article 1 de la loi qui, d'après les prétextes invoqués, vise plus particulièrement l'alcool de pommes de terre, vend-elle du trois-six fin dont la pureté laisse à désirer. En somme, 78 p. 100 des livraisons du monopole sont constituées par de l'alcool brut et de l'alcool fin, et 22 p. 100 seulement par des alcools de qualité supérieure [2] si

1. Ces produits secondaires ne sont autres que les produits de tête et de queue chargés d'impuretés (V. p. 12).

2. Débats parl. Ch. séance du 11 juin 1895. — Discours de M. Fleury-Ravarin.

bien qu'on peut reprocher au monopole de n'avoir d'hygiénique que l'étiquette, même en ce qui concerne les spiritueux qui en font l'objet.

A vrai dire la Confédération, en tant que protectrice de la santé publique contre l'alcoolisme, mérite un reproche plus grave : celui de chercher à maintenir la consommation de l'alcool dans l'intérêt du fisc. Car, c'est là la véritable raison pour laquelle elle livre au public quatre types d'alcools, dont l'un contenant l'arome et le goût exigé par le consommateur. Elle agit comme un commerçant ordinaire qui, pour conserver sa clientèle, tâche de la satisfaire en mettant à sa disposition diverses marques, diverses qualités à des prix différents. Elle sacrifie les exigences de l'hygiène à celle de son commerce.

Dès lors, on peut se demander si le monopole a bien pour but « de réduire la consommation des spiritueux », comme le dit un rapport de 1887-1888, sans paraître voir que cette diminution ne peut pas être poursuivie véritablement, c'est-à-dire d'une façon progressive, par un régime qui doit en outre « favoriser certains intérêts agricoles, et produire un rendement financier[1] » de 8820000 francs suivant les évaluations primitives.

Admettons pourtant que le monopole cherche à réduire la consommation, et que la Confédération n'essaie pas de

1. *Journ. des Économistes*, 5e série, t. XIII-XIV ; *Les monopoles fiscaux*, par M. René STOURM, p. 346 et note 1.

D'après le Référendum du 25 octobre 1885, on voulait seulement *diminuer les abus de l'eau-de-vie*, ou, suivant le programme de la Commission du Conseil national, obtenir : *une consommation modérée de l'alcool*, ce qui, étant donnés les deux autres buts poursuivis, était plus logique (Journ. *l'Alcool*, juillet 1897, n° 7, p. 106.)

s'opposer aux progrès de la tempérance par le moyen que nous venons d'indiquer. Alors se pose notre seconde question.

§ 2. — *De la réduction de la consommation.*

La consommation a-t-elle été réduite? Et si elle a été diminuée, doit-on en attribuer l'honneur au monopole comme s'il en était la seule cause?

I. — Et tout d'abord la consommation a-t-elle diminué? question controversée.

Si l'on compare le quantum de la consommation individuelle avant l'institution du monopole, au quantum de cette même consommation depuis la mise en vigueur de ce nouveau régime, il semble qu'il y a une réduction notable des quantités absorbées.

En effet, avant 1887, la consommation annuelle aurait été, d'après les statistiques présentées en 1885, de 150 000 hectolitres d'alcool pur pour une population d'environ 3 millions d'âmes, ce qui eût représenté 10 litres à 50° par habitant[1].

Au contraire, le quantum de la consommation individuelle ne serait plus, suivant le rapport du Conseil fédé-

1. Les statistiques évaluant la consommation individuelle antérieure à 1887 donnent d'ailleurs des chiffres différents, allant de 7 lit. 25 cent. à 10 lit. 26 cent. (Journ. *l'Alcool*, de mai 1897, art. cité, p. 65). — Nous prenons le chiffre total de 150 000 hectolitres d'alcool pur, soit 10 litres à 50° par habitant, parce que c'est celui d'après lequel le Conseil fédéral établit ses prévisions budgétaires au début de l'institution du monopole (*Rev. polit. et parl.* 1895 « Le monopole de l'alcool en Suisse » par M. Numa Droz, p. 415. — Voir id. « Rap. de M. Léon Say » *Journ. des Contrib. Ind.* du 15 juillet 1888, p. 380.

ral pour l'exercice 1896, que de : 6 lit. 27 cent. en 1890, — 6 lit. 32 cent. en 1891 ; — 6 lit. 39 cent. en 1892 ; — 6 lit. 37 cent. en 1893 ; — 5 lit. 81 cent. en 1894 ; — 5 lit. 71 cent. en 1895 ; — 4 lit. 99 cent. en 1896.

La moyenne annuelle de la consommation individuelle depuis 1890 jusqu'à 1896 serait donc d'environ six litres d'alcool à 50°, d'où une réduction de 4 litres par tête depuis la mise en vigueur du monopole.

Mais, d'un côté, on fait ressortir qu'une partie plus ou moins grande de l'alcool importé avant 1887 quittait de nouveau la Suisse en contrebande, si bien qu'en réalité la quantité consommée par tête était inférieure au chiffre de 10 litres. De l'autre, l'exactitude des évaluations du Conseil fédéral pour la période 1890-1896 est contestable ; car, comme le dit fort bien M. Leroy-Beaulieu, « il est peu conforme aux habitudes humaines que l'établissement du monopole de l'alcool en Suisse ait eu pour résultat de réduire, en quelques années, de près de moitié, la consommation de l'alcool par tête. Certainement les consommateurs helvétiques s'alimentent en partie à d'autres sources que celles du monopole[1]. »

Nous verrons en effet, lorsque nous parlerons du rendement financier de ce régime, les causes pour lesquelles les quantités véritablement consommées doivent être plus fortes que celles que nous indiquent les statistiques officielles, si bien qu'en réalité, la réduction de la consommation a toute chance d'être moins forte que ne le montre le Rapport du Conseil fédéral.

II. — Mais cette réduction doit-elle être attribuée au

[1] *Économiste français*, 1896, t. II, p. 242.

monopole comme s'il en était la seule cause? Évidemment non.

L'action du monopole n'a été que partielle ; car, deux autres facteurs, indépendants de l'entrée en vigueur de la loi de 1886, ont contribué à réduire les quantités consommées. C'est l'application des dispositions de la révision constitutionnelle de 1885, et la propagande anti-alcoolique exercée par les sociétés de tempérance.

La révision constitutionnelle de 1885 contient en effet trois dispositions auxquelles il convient d'attribuer en grande partie la réduction de la consommation de l'alcool. Les deux premières ont remédié à deux des causes de l'alcoolisme, antérieures à la loi de 1886 : l'une, en diminuant le prix des vins, bières et cidres, par la suppression des droits d'entrée cantonaux et communaux; l'autre, en permettant aux Cantons de soumettre « aux restrictions exigées par le bien-être public l'exercice du métier d'aubergiste et le commerce en détail des boissons spiritueuses. » La troisième oblige les Cantons à prendre l'offensive contre le fléau. Elle leur prescrit en effet « d'employer au moins 10 p. % (de leur quote-part des recettes provenant de l'imposition future de l'alcool) pour combattre le mal dans ses *causes* et dans ses *effets* (art. 31 *bis* in fine). » C'est là une disposition quelque peu inconséquente sans doute, si l'on songe que les Cantons se trouvent dès lors tenus de lutter avec une partie de leurs ressources provenant de l'imposition des spiritueux contre la consommation de l'alcool, source même de ces recettes.

Mais par un beau désintéressement, ceux-ci ont pris à cœur la tâche que leur confiait la Constitution de 1885. Ils ont fait des lois de plus en plus sévères sur les auberges et débits et ont employé au mieux des intérêts hygiéniques 10 p. °/ₒ de leur quote-part des revenus du monopole.

A cette première cause de la diminution de la consommation, s'en ajoute une seconde dont l'influence a été prépondérante ; c'est l'éducation et la propagande antialcooliques poursuivies par les associations de tempérance[1].

Après avoir fait l'éloge mérité de ces sociétés, M. Numa Droz ajoutait avec raison en 1895 : « J'estime même que l'Administration, si elle n'eût pas été intéressée à la vente de l'alcool, aurait pu soutenir d'une manière plus efficace les effets de l'initiative privée[2]. »

Il va sans dire, en effet, que la Confédération, marchande de shnaps, ne saurait être bien disposée en faveur de ceux qui prêchent l'abstention de sa marchandise. La tâche des sociétés de tempérance est même d'autant plus ardue qu'elles ont à lutter, non plus seulement contre les intérêts opposés des distillateurs et des commerçants, mais encore contre le Gouvernement de leur pays, devenu le grand pourvoyeur d'alcool.

Toujours est-il que l'action de ces associations, d'une part, et la mise en pratique par les Cantons des prescriptions de la loi constitutionnelle de 1885, d'autre part,

1. En 1897, les sociétés de tempérance suisses comptaient plus de 16 000 membres. Les principales d'entre elles sont la Croix-Bleue, la Ligue catholique d'abstinence fondée par l'évêque de Saint-Gall, et l'Espoir. A côté de ces associations existent des cafés de tempérance où l'on ne débite aucune boisson enivrante et qui ont pour but d'habituer les gens à s'abstenir de spiritueux. *Rev. polit. et parlem.* 1895, t. V, p. 427. — Journ. *l'Alcool : Les véritables causes de la diminution de la consommation de l'alcool en Suisse*, par le docteur ROCHAT, 1897, n° 5, p. 67).

2. *Revue polit. et parlementaire.*

ont plus influé sur la réduction de la consommation que le monopole lui-même.

Que le monopole ait pourtant exercé une certaine influence sur cette réduction, sans doute. Mais cette action elle-même n'est pas à proprement parler celle du monopole, en tant qu'accaparement par l'État de la vente en gros de l'alcool. Elle provient du renchérissement des spiritueux par l'impôt, et de la suppression des petites distilleries agricoles.

Or, ce renchérissement et cette suppression pouvaient être obtenus autrement que par l'application du monopole. Un régime de simple imposition des spiritueux, comportant une réglementation et un exercice sévères des distilleries, serait arrivé aux mêmes résultats. L'article 32*bis* de la Constitution de 1885, donnant à la Confédération le « droit de décréter par voie législative des prescriptions sur la fabrication et la vente des boissons distillées », eût reçu ainsi une application beaucoup plus simple que par le monopole.

Tout au plus, peut-on admettre que ce régime « a permis de supprimer *plus facilement* le grand nombre des distilleries qui infectaient le pays[1]. » C'est aux yeux de M. Numa Droz son seul avantage au point de vue hygiénique, et certes cet avantage est bien minime.

1. *Revue polit. et parlem.*, année 1895, t. V, p. 428.

SECTION IV

RÉSULTATS FINANCIERS

§ 1. — *Du rendement prévu et du déficit du monopole.*

Le Conseil fédéral supputait à 8 820 000 francs le bénéfice net du monopole, en se basant sur une consommation de 150 000 hectolitres d'alcool par an. Il prévoyait d'ailleurs que celle-ci se réduirait à 120,000 hectol. sous l'influence du nouveau régime.

Certes, c'était là une somme minime, moins de 3 fr. par habitant, la Suisse comptant environ 3 millions d'âmes. Ce tarif ne devait pas solliciter beaucoup de fraude, ni restreindre la consommation considérablement au-dessous des prévisions primitives. Il semble donc que le rendement du monopole ne pouvait pas être de beaucoup inférieur à celui qu'on en attendait.

Or, qu'est-il arrivé ?

De 1887 à 1896 inclusivement, soit pendant neuf ans, le montant total du rendement net s'est élevé à 53 602 941 fr. ce qui donne une moyenne annuelle de 5 935 822 fr., soit 2 864 118 fr. au-dessous des prévisions primitives.

Voici le compte d'exploitation du monopole pour chacune des années de la période 1887-1896, d'après le rapport annuel du Conseil fédéral à l'Assemblée fédérale, concernant la gestion et le compte de la Régie des alcools pour 1896[1].

Compte d'exploitation du monopole de l'alcool en Suisse.

RECETTES ET DÉPENSES.

ANNÉES.	RECETTES.	DÉPENSES. Dépenses courantes.	DÉPENSES. Amortissement des installations d'entrepôt et de rectification.	EXCÉDENT du compte d'exploitation.
	francs.	francs.	francs.	francs.
1887-1888 ...	10.764.114	5.790.961	15.311	4.973.153
1889	10.611.295	5.252.429	110.301	5.358.866
1890	13.773.596	6.778.270	334.192	6.995.326
1891	14 388.778	7.740.863	45.876	6.647.915
1892	14.750.240	8.370 423	11.248	6.379.817
1893	13.826.675	7.866.940	1.550	5.959.735
1894	12.344.582	6.839.013	2.081	5.505.569
1895	12.484.359	7.081.983	2 011	5.402.376
1896	13.214.526	6.834.342	166.514	6.380.184
TOTAUX (1887-1896)	116.158.165	62 555.224	689.084	53.602.941

Conformément à l'art. 32*bis*, al. 4, de la Constitution fédérale du 25 octobre 1885 et à l'art. 12 de la loi du 23 déc. 1886, les recettes nettes de l'Administration du monopole doivent être réparties entre tous les Cantons proportionnellement à leur population de fait établie par le recensement fédéral le plus récent. Pendant une période transitoire qui a pris fin le 1er janvier 1896, les Cantons qui avaient précédemment des ohmgeld et des octrois, touchaient à titre de dédommagement une quote-part supérieure à celle des autres Cantons (*Rev. pol. et parlem.*, année 1896, t. X, p. 388).

1. *Bulletin statistique et de législation comparée*, année 1897, t. II, p. 210.

Il est donc acquis que le monopole n'a jamais donné les recettes espérées, et que ces recettes ont été sans cesse en diminuant de 1890 jusqu'à 1896.

§ 2. — *Des causes du déficit.*

Ces causes peuvent se ramener à deux : d'une part, la diminution de la quantité taxée; d'autre part, l'importance des dépenses d'exploitation.

Tout d'abord le déficit provient de ce que « la Régie des alcools a vendu un nombre de quintaux métriques considérablement inférieur à celui qui était porté dans l'évaluation sommaire primitive[1] », suivant les expressions mêmes du rapport du Conseil fédéral pour l'exercice 1896. On peut en juger par le tableau ci-dessous qui indique pour chacune des années de la période 1891-1895 les quantités d'alcool vendues par le monopole[2] :

ANNÉES	QUINTAUX MÉTRIQUES
1891	67.851
1892	68.768
1893	65.187
1894	56.261
1895	56.133

1. Les bénéfices du monopole proviennent de trois sources : d'abord et surtout des ventes de trois-six et d'alcools potables : puis des ventes d'alcool dénaturé, de fûts en bois, d'huile empyreumatique, etc.; et enfin de la finance du monopole de 80 francs par quintal métrique, perçue à l'importation sur les spiritueux de qualité supérieure, (cognac, etc.) et sur d'autres articles contenant de l'alcool (parfumerie, médicaments, etc.) ou destinés à la fabrication de l'alcool (raisins secs, marcs de raisins, fruits, baies, racines, etc.) (*Rev. polit. et parlem.*, année 1895, t. V; *Le monopole de l'alcool en Suisse*, par M. NUMA DROZ, p. 421.)

2. *Rev. polit. et parlem.*, 1896, t. X, p. 387.

Les ventes du monopole ont donc diminué de 11.718 quintaux métriques dans l'espace de cinq ans.

Cette réduction considérable était d'autant moins à prévoir que la Régie vend son alcool à un prix qui est loin d'être exagéré. On peut même remarquer que ce prix (146 francs[1] l'hectolitre à 100°, y compris l'impôt évalué par M. René Stourm à 65 francs au maximum) est inférieur de 10 fr. 25 c. à notre impôt actuel qui est de 156 fr. 25.

Pourtant l'Administration n'a pas à se louer, au point de vue hygiénique, de cette réduction de ses ventes autant qu'elle le fait dans son rapport de 1896, en alléguant que « l'infériorité du rendement constatée jusqu'à présent est la conséquence pour ainsi dire absolue d'une diminution de la consommation[2] », ce qui, ajoute-t-elle, ne peut pas être considéré comme un « insuccès » si l'on tient compte de la tendance humanitaire du monopole.

En effet, les alcools taxés, y compris les spiritueux acquittant la finance de monopole, ne sont pas les seuls à être consommés. A côté d'eux, il y en a d'autres qui entrent dans la consommation, en proportion moindre sans doute, mais au préjudice du fisc comme au détriment de l'hygiène. Ce sont les eaux-de-vie produites par les bouilleurs de cru ou distilleries libres, et les alcools fabriqués frauduleusement

1. D'après l'art. 4 de la loi du 23 décembre 1886, le prix de l'hectolitre d'alcool absolu ne peut dépasser 150 francs pour l'alcool potable.

2. Ce rapport prétend que les moins-values sont dues uniquement au fait que la Régie des alcools a vendu un nombre de quintaux métriques considérablement inférieur à celui qui était porté dans l'évaluation sommaire primitive (*Journ. des Cont. Ind.* du 28 août 1897, p. 413).

La consommation des eaux-de-vie naturelles de vins et de fruits indigènes enlève au monopole, c'est-à-dire à l'impôt, 11 °/₀ de la consommation totale, d'après les évaluations officielles. Mais il est permis de douter de l'exactitude de ces évaluations ; car il n'est guère possible de posséder des données positives sur la production complètement libre des bouilleurs de cru. Il est même probable que cette production est plus considérable que ne l'indique la Régie, l'impôt qui grève les alcools d'industrie, et dont sont affranchis les bouilleurs de vins et de fruits indigènes constituant en faveur de ceux-ci une prime les encourageant à accroître leur fabrication.

Déjà un rapport de 1887-1888 avouait que « dans une mesure impossible à estimer mais certainement assez considérable, la production et la consommation des spiritueux affranchis du monopole » avaient dû augmenter[1]. De même, le rapport de 1895 contient ceci : « La diminution constatée pour les deux dernières années a pour cause probable les récoltes abondantes de vins et de fruits que nous avons eues depuis 1893. Une bonne récolte de ces produits influe doublement sur le chiffre de vente de la Régie qui se trouve réduit non seulement par l'accroissement de la consommation du vin et du cidre, mais encore par la production plus intense d'eau-de-vie non soumise au monopole au moyen de marc de raisins et de fruits[2]. »

En un mot, on peut dire que la production des bouil-

1. *Journ. des Économistes*, 5me série, t. XIII-XIV. *Les monopoles fiscaux*, par M. René STOURM, p. 339.
2. *Économiste Français*, 1896, t. II, p. 242 ; v. id. *Rev. polit. et parlement.* ; « *Le Monopole de l'alcool en Suisse* », par M. NUMA DROZ, 1875, t. V, p. 122.

leurs de cru est une inconnue importante et, d'autant plus inquiétante, qu'il n'est guère douteux qu'ils profitent de la liberté exceptionnelle dont ils jouissent pour mettre clandestinement en œuvre des matières premières monopolisées : pommes de terre, céréales, vins et fruits de provenance étrangère.

Toujours est-il que la Régie a constaté pendant l'année 1894, par exemple, 35 contraventions dont 26 concernaient la distillation clandestine des matières soumises au monopole. Et cependant avec un impôt aussi minime que celui du monopole Suisse, la fraude n'est pas surexcitée par l'appât d'un gain bien élevé.

En outre, il y a lieu de se demander si l'augmentation de la consommation d'alcool dénaturé vendu par l'Administration pour des emplois techniques ou industriels ne provient pas en partie de la transformation frauduleuse de cet alcool en alcool potable. La régie a bien fait observer après enquête que cette fraude ne serait pas aussi considérable que le pensait la Commission du Conseil national dans son rapport du 1er novembre 1892. Mais, comme l'alcool dénaturé est vendu par la Régie à un prix inférieur (55 francs environ le q. m.) à celui de l'alcool potable (170 francs environ le q. m.), il n'en est pas moins vrai que le fraudeur trouve un intérêt à revivifier l'alcool dénaturé pour le rendre de nouveau propre à la boisson [1].

1. *Rev. polit., et parl*, 1895, t. V ; *Le Monopole de l'alcool en Suisse*, par M. NUMA DROZ, p. 417. — V. *id.* Journ. *l'Alcool* de juillet 1897, p. 107. *Les véritables causes de la diminution de la consommation de l'alcool en Suisse*, par le Dr ROCHAT. — V. *id.* Journ. *l'Alcool* 1897. nos 1 et 2 art. de M. le Dr Forel, de Zurich, p. 9. — Cette transformation de l'alcool dénaturé en alcool potable est d'autant plus à craindre que des commerçants peu scrupuleux pourraient employer cet alcool à la

La seconde cause de l'infériorité du rendement consiste dans l'importance des dépenses d'exploitation du monopole. Comme on peut s'en rendre compte par l'examen du compte d'exploitation du monopole ci-dessus, la moyenne annuelle des dépenses courantes s'élève à plus de 50 °/₀ des recettes brutes (62 555 224 francs par rapport à 116 158 165 francs), sans compter l'amortissement du compte-capital d'installation des entrepôts et de la rectification, ni celui d'un emprunt de 5 900 000 francs[1].

Ces dépenses d'exploitation comprennent les frais d'administration proprement dite, et les dépenses d'achat des alcools étrangers et indigènes.

Les dépenses d'administration du monopole : frais d'administration centrale, de contrôle des distilleries, d'administration et d'exploitation des entrepôts et établissements de rectification, etc., etc., suivent une progression presque continue. Et pourtant, il nous semble qu'elles devraient plutôt tendre à diminuer. Le mécanisme d'exploitation du monopole devrait s'améliorer d'année en année ; il devrait être manié avec plus d'expérience, plus de pratique, plus d'habileté, et, par suite, d'une façon plus économique.

Or, à l'encontre de ce que l'on aurait pu penser, les frais d'administration passent de 353 000 francs à 413 000 francs dans la période 1892-1895[2]. »

fabrication de liqueurs aromatisées susceptibles de masquer par leurs bouquets le mauvais goût ou la mauvaise odeur d'une revivification imparfaite.

1. *Bulletin de statistique et de législation comparée*; année 1897, t. II, p. 211.

2. *Rev. polit. et parl.*, année 1895, t. V, p. 419-420, et année 1896, t. X, p. 389 ; *Le Monopole de l'Alcool en Suisse*, par M. Numa Droz.

Non seulement ces frais sont, d'après M. Numa Droz[1], beaucoup plus considérables que ceux des vingt maisons de commerce en gros existant en Suisse avant 1887, ce qui prouve une fois de plus l'inaptitude de l'État en général à gérer un commerce aussi économiquement que les particuliers, mais encore ils sont beaucoup plus élevés que ceux qu'aurait entraînés un régime simple d'imposition des spiritueux. « Je reconnais d'ailleurs, dit en effet M. Numa Droz, que, même avec le système de l'imposition, une administration centrale bien outillée est nécessaire, mais ses frais resteraient considérablement en dessous de cette somme (400 000). » Ailleurs, il évaluait à 250 000 fr. par an la part des dépenses d'administration provenant exclusivement du monopole, et qui n'auraient pas grevé le budget de l'alcool, si l'on avait adopté le système de l'imposition.

En plus des frais d'administration, les dépenses d'exploitation comprennent surtout les achats des alcools étrangers et indigènes.

Les cours des alcools étrangers ayant augmenté, la Régie s'est trouvée obligée de supporter à peu près seule ce renchérissement ; car, en fait, ses prix de vente sont restés fixes[2]. M. Numa Droz nous laisse même entendre que la Régie, qui pourtant peut traiter d'égal à égal avec ses fournisseurs étrangers, dans les conditions ordinaires du régime de libre concurrence, achète plus cher que ne

1. *Rev. polit. et parl.*, 1895, t. V, p. 420-425.
« Je pose en fait, écrivait M. Numa Droz, en 1895, sans crainte d'être démenti, que ces vingt maisons étaient bien loin de dépenser les 400 000 francs de frais d'administration, d'entrepôts, d'expertises, d'entretien du matériel, qui figurent au budget de la Régie. »
2. *Rev. polit. et parl.* 1895, t. V, p. 415-422-425.

le ferait le commerce libre. Avec un régime simple d'imposition l'Administration réaliserait, dit-il, « un bénéfice consistant dans la différence éventuelle entre le prix réel d'achat de l'alcool par le commerce libre et celui plus élevé qu'indique la Régie[1]. » Et il ajoute ailleurs : « Il s'agirait de savoir si la Régie a toujours été heureuse dans ses marchés à livrer et si le commerce libre n'aurait pas obtenu des moyennes plus favorables[2].

Pour ses achats à l'intérieur, l'Administration du monopole doit payer des prix excessifs afin de donner satisfaction à la distillerie indigène.

Ce sont ces faveurs trop grandes aux producteurs suisses qui sont la cause principale des moins-values du monopole. Comment en effet la Confédération aurait-elle pu retirer un fort rendement fiscal du monopole, en s'en servant également comme d'un instrument de protectionnisme industriel et agricole?

« Un homme compétent, dit M. Numa Droz, a établi un calcul duquel il résulte, en prenant pour base un prix moyen de 88 fr. par q. m. payé à la distillerie indigène, et en y ajoutant 12 francs de frais de rectification, soit un prix total de 100 francs; en prenant d'autre part comme prix moyen de l'alcool étranger, après déduction du droit dentrée fédéral (0 fr. 20 par degré et q. m.), un taux de 27 à 30 francs par q. m., que la Confédération et les Cantons ont fait à la distillerie indigène un sacrifice de 9 831 250 francs, soit les Cantons 6 352 500 francs, et la Confédération par la perte du droit d'entrée 3 478 750 fr.

1. *Rev. polit. et parl.*, 1895, t. VI, p. 238.
2. Cité par M. Leroy-Beaulieu : V. *Économiste Français*, 1896, t. II, p. 243.

Cela tient en bonne partie à ce que l'on a interprété d'une manière extensive l'art. 2 de la loi, en admettant que le quart attribué à la production indigène se calculait aussi sur l'alcool dénaturé, tandis qu'on aurait fort bien pu déclarer qu'il s'agissait seulement de l'alcool destiné à être consommé comme boisson. En conséquence, la distillerie indigène a reçu environ 40 000 q. m. de plus qu'elle n'aurait dû livrer suivant l'interprétation restrictive [1]. »

En raison de ces deux causes : diminution considérable des ventes du monopole, importance des dépenses d'exploitation, les résultats du monopole Suisse, au point de vue financier, ont donc été un mécompte fiscal absolu. Nous partageons entièrement l'opinion de M. Numa Droz [2] lorsqu'il nous dit qu'un système simple d'imposition donnerait de bien meilleurs résultats que le monopole.

L'adoption de ce système n'aurait pas entraîné, en effet, de frais de manutention, de transport, de magasinage, si bien que les frais d'administration auraient été réduits, d'après M. Numa Droz, à un maximum de 100 000 fr., tandis qu'avec le monopole ils se sont élevés à plus de 413 000 fr. en 1895 [3]. Non seulement l'Administration aurait été débarrassée des opérations d'achat et de vente, mais encore elle n'aurait pas été obligée de se livrer à des spéculations aux Bourses des alcools de Vienne et de Berlin, spéculations qui, il n'est pas besoin de le dire, n'ont pas dû être toutes parfaitement heureuses. Elle

1. *Le monopole de l'Alcool en Suisse, Rev. polit. et parl.*, 1895, t. V, p. 419.
2. *Rev. polit. et parl.*, 1895, t. V.
3. *Rev. polit. et parl.*, 1896, t. X, p. 389.

n'aurait pas été condamnée enfin à subir les exigences des distillateurs indigènes.

SECTION V

RÉSULTATS AGRONOMIQUES ET INDUSTRIELS

Nous venons de voir quelle est l'importance des sacrifices faits par le monopole à la distillerie nationale. « Le quart des alcools livrés par la production indigène étant payés à des prix bien supérieurs à ceux des alcools étrangers, ajoute par ailleurs M. Numa Droz[1], il en résulte pour le fisc des Cantons une perte annuelle de près d'un million. » Voilà la mesure dans laquelle l'intérêt financier a été sacrifié aux intérêts agricoles et industriels.

I

Mais au moins ce protectionnisme agricole, doublé par voie de conséquence d'un protectionnisme industriel,

1. M. Numa Droz, qui a étudié de près le monopole de son pays, calcule ainsi la prime accordée à la distillerie indigène au détriment des Cantons entre lesquels doivent être réparties les recettes nettes de l'administration du monopole (art. 12).

« La prime de l'alcool indigène se monte à 39 francs, différence entre le prix moyen des achats de cet alcool et le prix moyen de l'alcool étranger (91 fr. — 52 = 39 × 21.500 q. m. moyenne de ce qu'a reçu la distillerie indigène pendant la période quinquennale 1890-1894 = 838 500 francs). »

Dans le prix de 52 francs de l'alcool étranger est compris le droit d'entrée fédéral qui est de 22 fr. 92 par q. m. (*Rev. polit. et parl.* 1896, t. X, p. 387.)

a-t-il sa raison d'être? Y a-t-il là, comme le disent les partisans du monopole, un intérêt général à satisfaire, pour lequel l'universalité doit s'imposer des sacrifices? La distillerie indigène est-elle une industrie nationale importante qui doit jouir de mesures de protection, « ces mesures devant avoir pour but de rendre lucratif pour les intérêts privés, ce qui est utile au point de vue économique général? »

A ces questions, M. Numa Droz répond : « La seule matière qui, en Suisse, puisse entrer en considération, c'est la pomme de terre. Il est connu, en effet, que nous sommes loin de produire les céréales que nous consommons. Nous n'en avons donc pas à distiller. Avons-nous en revanche un excédent de pommes de terre? Nullement[1].

Et, après avoir montré que de 1885 à 1892, les importations ont dépassé les exportations, il continue : « On ne peut donc parler d'une nécessité générale d'utiliser un excédent de produits qui, sans cela, se perdrait. Cette nécessité existe-t-elle du moins pour les contrées productives ? Non... car, les pommes de terre se vendent très avantageusement à des prix supérieurs à ceux que paie la distillerie... Même s'il y avait excédent, l'agriculture aurait plus d'avantages à les utiliser comme supplément de fourrage, vu que les années de bonne récolte en pommes de terre coïncident avec un manque de fourrage plus ou moins prononcé. »

On fait valoir aussi la valeur nutritive pour le bétail des résidus de distillerie ou vinasses.

1. *Rev. polit. et parl.*, 1895, t. V, p. 422-423-424.

Or, par exemple, dans la période du 15 septembre 1892 au 21 avril 1893, ces résidus n'ont pu nourrir qu'un nombre d'animaux très faible relativement à celui qui existe en Suisse. Le pays n'a donc qu'un intérêt minime à la production de ces résidus, « sans compter que ni le lait ni la viande ne se trouvent bien de ce régime. »

Au point de vue industriel, il n'y a qu'un petit nombre de distilleries en exploitation (64 en 1892), réparties dans les Cantons de Thurgovie, Fribourg, Zurich, Schaffouse, Argovie, Bâle-Campagne, Lucerne et Vaud, et surtout dans ceux de Berne et de Soleure. « Plus de la moitié sont des entreprises individuelles, les autres ont le caractère corporatif. La distillerie n'emploie qu'un très petit nombre d'ouvriers qui trouveraient facilement à s'occuper ailleurs. On ne peut donc soutenir qu'il y ait un intérêt général à la maintenir au prix d'un protectionnisme intense. »

II

Il y a plus. Cette protection de l'agriculture et de l'industrie qui pèse si lourdement sur le budget cantonal, bien qu'elle n'ait guère sa raison d'être, engendre des conséquences particulièrement regrettables.

D'abord l'Administration du monopole ayant, en vertu de l'article 2 de la loi, le droit de conclure des contrats de livraison avec les producteurs, s'applique, par la répartition de ses commandes, à concentrer la production dans les districts où elle estime qu'il y a surabondance de matières premières, et, en particulier, dans ceux qui présentent de fréquents excédents de pommes de terre[1]. Elle

1. *Journ. des Contrib. Ind.* du 28 octobre 1895, p. 518.

avantage ainsi plus ou moins arbitrairement les cultivateurs de ces contrées, ce qui est « un sujet de jalousie pour les paysans qui ne sont pas admis au bénéfice de ce privilège[1]. »

C'est en outre une cause de conflit entre ceux des Cantons, tels que Berne et Soleure, qui, se trouvant dans des conditions économiques plus avantageuses au point de vue de la distillation, profitent du monopole, et ceux au détriment desquels s'exerce la faveur accordée à la distillerie indigène[2].

Le Gouvernement lui-même est obligé, les années d'élection, de passer sous les fourches caudines des cultivateurs de pommes de terre.

« La tendance des distillateurs, dit, en effet, M. Numa Droz, quand ils ne se bornent pas à distiller leurs propres produits, est naturellement d'obtenir la matière première au meilleur marché possible. Ils pressent donc sur le paysan qui jure ses grands dieux qu'il ne peut accepter des prix aussi dérisoires. De son côté, le distillateur proteste qu'il ne peut s'en tirer aux conditions qu'on lui présente, et qu'il doit faire venir sa matière première du dehors. Comme c'est la Confédération qui passe les contrats de livraison d'alcool, on s'adresse à elle, surtout les années d'élection, pour lui demander, de part et d'autre, d'améliorer les conditions des contrats, afin

1. *Rev. polit. et parl.* année 1896, t. X : *Les Monopoles de l'alcool en Suisse*, par M. Numa Droz, p. 387.

2. Sur 64 distilleries d'alcool d'industrie exploitées en 1892, le Canton de Berne en avait 38, celui de Soleure 7, celui de Thurgovie 6, etc., Pendant la période 1887-1892, le tant p. 100 de la production indigène a été de 59 % pour Berne, 12 % pour Soleure, 8 % pour Thurgovie. (*Rev. polit. et parl.* 1895, t. V, p. 438, et 1896, t. X, p. 387).

que l'on puisse payer plus cher la pomme de terre indigène : sinon les élections tourneront mal. C'est ainsi que nous en sommes arrivés à avoir la pomme de terre électorale[1]. »

SECTION VI

CONCLUSION

De cet exposé critique des résultats obtenus au point de vue hygiénique, fiscal et protectionniste, il nous reste à tirer cette conclusion : c'est que le monopole Suisse a été loin de répondre aux espérances de ses partisans. On peut même dire qu'il a échoué à peu près complètement, et, à vrai dire, il n'en pouvait être autrement.

Comment, en effet, l'État suisse, en tant que monopoleur, aurait-il pu satisfaire à la fois le fisc intéressé au maintien de la consommation et l'hygiène intéressée à sa diminution ? Comment aurait-il pu favoriser en même temps l'agriculture et la distillerie indigènes, en payant aux producteurs des prix très élevés, et sauvegarder l'intérêt fiscal, en achetant le meilleur marché possible ? Comment, à plus forte raison, aurait-il pu faire de son monopole un instrument à la fois hygiénique, fiscal et protecteur ?

1. *Rev. polit. et parl.* 1895, t. V, p. 424-425.

Il était impossible de servir en même temps l'hygiène, le fisc, l'agriculture et l'industrie. Aussi, la Confédération devait-elle être amenée par la force des choses à sauvegarder l'un des intérêts en présence au détriment des deux autres.

Malheureusement, elle a sacrifié successivement un intérêt d'ordre supérieur à un intérêt d'ordre inférieur : celui de la santé publique à celui du fisc, et ce dernier à certains intérêts agricoles et industriels.

En effet, la sauvegarde de l'hygiène contre l'alcoolisme, de la moralité publique contre l'ivrognerie aurait dû être, sans conteste, sa première préoccupation. Or, comme le dit fort bien M. René Stourm, « son action s'arrête devant les bouilleurs de cru, dont on dirait même qu'elle ignore l'existence malgré les abus nécessaires de leur dangereuse liberté. Sa main qui épure les alcools bruts, laisse les marchands fabriquer à leur gré les liqueurs les plus compromettantes[1]. »

Même au point de vue de la qualité des spiritueux qui font l'objet de son monopole de rectification, elle laisse à certains d'entre eux, et particulièrement au shnaps, un bouquet d'impuretés faisant cette « entorse au principe dans l'intérêt de la vente. »

Puis l'intérêt fiscal aurait dû occuper la seconde place dans les préoccupations de la Confédération. Or, elle le fait céder devant celui d'une collectivité de cultivateurs et de producteurs qui ne méritent certes pas la protection intense, excessive, qui leur est accordée ; car, d'une part, la pomme de terre indigène pourrait être utilisée

1. *Journ. des Économistes*, 5e série, t. XIII-XIV.

dans la vente sur les marchés des villes et dans l'affouragement du bétail bien plus avantageusement que pour la distillerie, et, d'autre part, l'industrie trouverait dans le seul droit d'entrée fédéral perçu sur les alcools étrangers, une protection de 22 fr. 92 par q. m., c'est-à-dire de plus de 50 % de la valeur marchande du produit[1].

Terminons par ce jugement sévère de M. Numa Droz : « Le maintien du monopole fâcheux, à coup sûr, aurait du moins un avantage, ce serait d'être comme l'ilote ivre, — la comparaison est en place, puisqu'il s'agit d'alcool, — chargé de dégoûter des autres monopoles. »

1. *Rev. polit. et parl.*, 1895, t. VI, p. 242.

CHAPITRE II

Le Monopole de l'Alcool en Russie.

En Russie, le monopole de l'alcool pourrait presque être considéré comme un régime traditionnel. Institué, en effet, dès le xe siècle, si nous en croyons le Dr Portougaloff (de Samara), il fut appliqué une première fois jusqu'en 1862 ; et de nouveau, après une disparition passagère, il fonctionne dans la moitié de l'empire. Sa durée d'application se divise ainsi en deux périodes : l'une, qui va du xe siècle à 1862 ; l'autre actuelle, qui date de l'oukase du 6 juin 1894.

SECTION I

LE MONOPOLE DE L'ALCOOL AVANT 1862

§ 1. — *Caractère et Mécanisme du Monopole.*

Dans la période antérieure à 1862, le monopole est considéré comme un procédé fiscal plutôt que comme un moyen de combattre l'ivrognerie. Dans ce dernier but, on recourt à des prohibitions spéciales.

C'est ainsi qu'au xve siècle Ivan III réservait à l'État la distillation de l'eau-de-vie, tandis qu'il interdisait les boissons fortes à tout autre qu'aux nobles et aux étrangers. Au xvie siècle, sous Ivan IV le Terrible, tous les cabarets de Moscou désignés sous le nom tartare de kabans appartenaient au fisc. En même temps, des interdictions étaient édictées dans le but de mettre obstacle à la consommation des boissons alcooliques[1].

Depuis le xviie siècle, le monopole fut tantôt exercé par l'État, et tantôt par un fermier concessionnaire[2].

Il fut d'abord exercé en régie. Le Gouvernement se faisait l'intermédiaire entre les producteurs, auxquels il achetait l'eau-de-vie à un prix déterminé, et les débitants, auxquels il la revendait.

Le contrôle des débits et la perception des recettes étaient confiés à des fonctionnaires, aux chefs des villes, aux employés des districts, qui versaient les produits dans les caisses de l'Administration.

Pierre le Grand chargea le Conseil communal des villes industrielles et commerciales de surveiller les producteurs, autorisa et reconnut à l'État le droit de fabriquer dans des usines lui appartenant. Enfin il accorda à certaines personnes le droit de fabriquer de l'eau-de-vie pour leur consommation particulière.

Vers le milieu du xviiie siècle, Élisabeth et Catherine II

1. Journ. *l'Alcool* du 10 novembre 1896, n° 12, p. 183 ; et *Rev. polit. et parl.*, 1897, t. XI, p. 127.
2. Rapport de M. Léon Say (*Journ. des Contrib. Indir.* du 29 juillet 1888, p. 406).

essayèrent du système de la ferme, mais, les populations s'en étant montrées mécontentes, on l'abandonna pour revenir à la régie.

En 1795, on abandonna de nouveau la régie pour la ferme. Les recettes s'élevèrent, mais en même temps l'ivrognerie et la fraude augmentèrent.

Aussi, dans le but de lutter contre l'ivrognerie, l'empereur Alexandre Ier abolit la ferme en 1817, et, de 1819 à 1826, l'État exerça le monopole de la vente en gros. Mais, un arrêt des exportations de grains s'étant produit, et, la demande des distilleries ayant considérablement décru, les céréales indigènes éprouvèrent une forte baisse ; d'où des plaintes de la part des grands propriétaires fonciers contre le monopole.

Leurs réclamations, ainsi que la diminution des recettes, qui baissèrent graduellement de 19 millions en 1819 et de 12 millions en 1825, amenèrent le rétablissement de la ferme en 1827. Celle-ci devint définitive jusqu'à la suppression du monopole en 1862.

Pendant cette période (1827-1862)[1], l'État concédait tous les quatre ans le droit exclusif de la vente en gros et en détail pour chaque ville, district, province ou région, au plus offrant et dernier enchérisseur.

Un cahier des charges déterminait le prix de vente au public (clause qui n'était d'ailleurs jamais observée), ainsi que le nombre de débits ou de cabarets à ouvrir dans chaque localité.

La fabrication de l'alcool restait dévolue à l'industrie

1. *Rev. polit. et parl.*, 1897, t. XI, p. 120 et s. ; rapport de M. Léon Say ; *L'Impôt sur l'alcool dans les principaux pays*, par M. René STOURM, p. 141-142.

privée, sous la surveillance des fermiers, qui pouvaient d'ailleurs fabriquer eux-mêmes. Mais la totalité de la production devait être livrée à l'État qui la cédait à son tour aux Compagnies fermières. Celles-ci s'engageaient à prendre à des prix stipulés d'avance et fort élevés, une certaine quantité d'alcool calculée sur la consommation moyenne des années précédentes. Une fois cette quantité dépassée, la marchandise leur était livrée avec un rabais de moitié, ou même au prix coûtant.

Les fermiers réalisaient alors des bénéfices énormes, l'écart entre le prix d'achat et le prix de vente pouvant atteindre 5 à 600 %. Aussi, il va sans dire qu'ils avaient le plus grand intérêt à pousser à la consommation.

Profitant de leur puissance, qui était immense, si bien qu'ils se prétendaient supérieurs aux lois, ils ne tenaient aucun compte des prescriptions moralisatrices du législateur.

Ils s'opposaient aux « aspirations spontanées des populations à la tempérance » et allaient jusqu'à faire fermer les débits de thé, sous prétexte qu'on ne pouv it penser « sans de légitimes appréhensions patriotiques à l'avenir qui attendait le pays, si les classes inférieures se laissaient amollir par les délices d'un luxe asiatique [1]. »

§ 2. — *Résultats hygiéniques et fiscaux du Monopole.*

Un tel régime produisit deux résultats : une augmentation prodigieuse de la consommation et partant un fort rendement fiscal.

1. *Revue pol. et parlem.*, année 1897, t. XI, p. 121 et 127.

Dans la Grande Russie et la Sibérie, la consommation qui était un moment tombée au-dessous de 600 000 hectol. d'alcool pur s'élevait en 1862 à plus de 1 200 000 hectol., doublant ainsi dans l'espace d'une quarantaine d'années[1].

La santé et la morale publiques se trouvèrent gravement compromises et il est probable que la ferme n'eût pas été maintenue pendant 36 ans si elle n'avait été un bon instrument fiscal.

Les fermiers payèrent, en effet, à l'État, de 1859 à 1862, « une moyenne annuelle de 315 millions de francs pour exploiter le commerce des spiritueux dans une région presque exclusivement agricole de 41 millions d'âmes. » Les traitants savaient même si bien exploiter la passion des populations pour l'alcool qu'ils réussirent, dit-on, à faire tomber, en une même année, dans les caisses de la Compagnie, jusqu'à 300 millions de francs, c'est-à-dire une somme presque égale à celle versée au Trésor.

On a même prétendu que les fermiers offrirent jusqu'à 300 millions de roubles pour conserver leur privilège. Sur le refus du Gouvernement, ils brûlèrent leurs livres de commerce afin qu'on ne pût savoir quels avaient été leurs bénéfices[2].

Mais les considérations hygiéniques et morales finirent par l'emporter sur les considérations fiscales. Il était urgent d'opposer une barrière à la marée montante de l'ivrognerie. Aussi, malgré les objections des traitants et leurs partisans qui prétendaient que « le produit des bois-

1. *Rev. polit. et parlem.*, p. 120 et 122.

2. Rap. de M. Léon Say, *Journ. des Contrib. Ind.* du 29 juillet 1888, p. 407.

sons, c'est-à-dire l'alcool, formait la moitié des recettes budgétaires », qu'il était dangereux de « renoncer à un tiens de 100 millions de roubles pour courir après un tu l'auras problématique », qu'enfin le nouveau système de perception projeté, l'accise, serait d'une organisation difficile et d'un fonctionnement coûteux, le monopole et la ferme furent abolis en 1862. Le Tsar Alexandre II y substitua le régime de l'accise[1].

SECTION II

DU MONOPOLE DE L'ALCOOL FONCTIONNANT ACTUELLEMENT EN RUSSIE

Après une disparition de 32 ans, le monopole fut rétabli par avis du Conseil de l'Empire, approuvé par S. M. l'Empereur, le 6 juin 1894[2].

§ 1. — *Territoire d'application du Monopole.*

Déjà, le 8 septembre 1887, la vente de l'alcool par l'État avait été introduite dans le Gouvernement de Perm. Mais ce n'était pas un monopole proprement dit, car, la mesure avait pour objet, au contraire, d'établir une con-

1. *Rev. polit. et parlem.*, 1897, t. XI, p. 123.
2. *Annuaire de Législation Étrangère*, année 1895, p. 797.

currence contre le prix de vente de l'alcool fixé par un syndicat semi-clandestin de distillateurs et de cabaretiers qui avaient accaparé toutes les distilleries et tous les débits de cette province. En abaissant les prix de vente par la concurrence de l'État, le Gouvernement, avait surtout un but fiscal ; il espérait augmenter, par cette diminution des prix, la consommation, et par suite, les recettes du Trésor[1].

Ce n'est qu'en vertu de l'oukase du 6 juin 1894, que le monopole véritable entre les mains de l'État a été rétabli en Russie.

Depuis le 1er janvier 1895, il fonctionne dans les quatre provinces de Perm, Orenbourg, Samara et Oufa, c'est-à-dire dans une zone de 800 000 kilomètres carrés, peuplée de 9 à 10 millions d'âmes.

Il a été successivement étendu par les oukases du 2 mai 1895 et du 19 février 1896 à vingt-trois autres gouvernements[2]. Depuis le 1er juillet 1896, il est appliqué dans neuf gouvernements du sud et du sud-ouest comptant 21 millions d'habitants[3] ; depuis le 1er juillet 1897, dans huit gouvernements de l'ouest et du nord-ouest peuplés de 10 à 11 millions d'âmes[4] ; et depuis le 1er janvier 1898 dans six autres gouvernements, dont Saint-Pétersbourg et la Pologne avec ses dix provinces[5], comptant 16 mil-

1. *Rev. polit. et parlem.*, p. 138, et rap. de M. Léon Say.

2. *Annuaire de Législation étrangère*, 1896, p. 674, et 1897, p. 633 ; — Rap. de M. Guillemet, (documents parlem., Chambre, année 1897, t. 1, p. 160.

3. Gouvernements de Volhynie, Tchernigow, Poltava, Kiew, Yekaterinoslaw, Podolie, Bessarabie, Kherson et Tauride (Rap. Guillemet).

4. Gouvernements de Kovno, Vitepsk, Smolensk, Vilna, Suwala, Mohilew, Minsk et Grodno.

5. Saint-Pétersbourg, Pologne, Olonetz, Novgorod, Pskow, Kharkow (Rap. Guillemet ; *Rev. polit. et parl.*, p. 138, et *Annuaire de législation étrangère*, 1896, p. 674 et 1897, p. 633.

lions et demi d'habitants. Depuis cette dernière date le monopole fonctionne ainsi dans la moitié de la Russie d'Europe et il régit une population de 58 millions d'habitants.

La substitution de ce régime à celui de l'accise, qui consiste essentiellement dans l'exercice des distilleries, l'imposition du produit fabriqué proportionnellement à sa richesse alcoolique, et la perception de la taxe au moment où l'alcool sort de l'usine, ne doit s'opérer ainsi que par voie d'expériences successives. Peut-être s'écoulera-t-il une dizaine d'années avant que la réforme soit un fait accompli dans toute l'étendue de l'Empire.

§ 2. — *Des raisons d'ordre économique, hygiénique, agronomique et fiscal qui ont motivé le rétablissement du Monopole.*

I

Le but principal, prédominant du monopole russe est de soustraire les populations et particulièrement celles des campagnes à l'exploitation des débitants patentés de spiritueux. Cette particularité est d'autant plus remarquable que le monopole nous apparaît comme une des phases, et peut-être même la dernière, de la longue lutte engagée par le Gouvernement contre le rôle véritablement néfaste que remplissait en Russie le débitant d'autrefois.

Exploitant, en effet, le penchant exagéré du peuple pour l'alcool, ce dernier avait converti son officine en bureau d'usurier, prenant en gage le mobilier agricole du fermier et même les vêtements de l'ouvrier des champs. Il était devenu une plaie sociale, un agent de désorganisation et de ruine, et un Gouvernement soucieux de l'avenir de l'Empire devait forcément s'en émouvoir[1].

Déjà, les lois de 1882 et de 1885 prenaient des mesures sévères contre les détaillants. Mais toutes ces mesures restèrent impuissantes, et, les tenanciers de kabans (cabarets) continuèrent comme jadis à exploiter la passion des moujiks russes pour l'eau-de-vie.

En désespoir de cause, le Gouvernement russe se résolut à couper le mal par la racine en supprimant les cabaretiers par l'organisation du monopole de la vente en détail entre les mains de l'État.

C'est ainsi que, dès la fin de l'année 1885, l'Empereur Alexandre III avait invité le Ministre des Finances, M. Bunge, à lui soumettre un projet de monopole embrassant « la sphère d'action, où le libre jeu de l'intérêt privé présente le plus de danger, » c'est-à-dire s'étendant à la vente en détail[2]. De même, dans un Rapport adressé par M. Witte à l'Empereur Alexandre III, le monopole est défini : « un système au moyen duquel le Ministère des Finances espère mettre un terme à la fâcheuse influence des débitants de spiritueux sur l'état moral et économique des populations[3]. » A son tour, une circulaire du Ministre des Finances de 1894 répète en termes à peu près identiques : « l'essai du monopole est entrepris pour préserver la santé et la moralité des populations contre l'influ-

1. *Rev. polit. et parlem.*, 1897, t. XI, p. 130 et s.
2. *Id.*, p. 133.
3. *Id.*, p. 134.

ence délétère des cabarets qui sapent dans sa racine le bien-être de la nation[1]. »

En un mot, le premier but du législateur de 1894 a été de mettre un terme à la ruine des populations par les débitants.

II

En même temps, le Gouvernement russe chercha dans le monopole un moyen de sauvegarder la santé publique contre la consommation des spiritueux.

Ce n'est pas que la quantité d'alcool consommé à la veille de l'institution du monopole fût considérable. En effet, sous l'influence bienfaisante des lois de 1864, de 1882 et de 1885, la consommation s'était progressivement réduite, si bien que pendant la période 1892-1894 la moyenne annuelle de la consommation individuelle ne dépassait pas 2 lit. 35 d'alcool pur[2]. L'hygiène ne se trouvait donc pas compromise comme en Suisse par un usage immodéré des spiritueux.

Mais en revanche, elle était menacée par la mauvaise qualité des eaux-de-vie ingérées. En effet, les alcools consommés, particulièrement par les populations de l'Oural, étaient des alcools d'industrie non rectifiés, des flegmes de grains et de pommes de terre[3].

Une loi de 1888 tendait bien à encourager la rectification des alcools ; mais les primes accordées à la rectification eurent pour conséquence de rendre encore plus malfaisantes les eaux-de-vie bues dans le pays. Les

1. *Annuaire de Législation étrangère*, année 1895, p. 797.
2. *Rev. polit. et parlem.*, p. 132.
3. Débats parlem., Chambre, séance du 11 juin 1895.

alcools rectifiés s'exportèrent et les résidus servirent à fabriquer les trois-six destinés à la consommation indigène. D'ailleurs les heureuses conséquences qu'aurait pu avoir la loi de 1888 furent compromises par une loi de 1890 qui cherchait à protéger les distilleries agricoles contre la concurrence des distilleries industrielles ; les distilleries agricoles, en général, ne rectifiant pas leurs produits[1].

Toujours est-il que la mauvaise qualité des eaux-de-vie absorbées dans le pays mettait en danger la santé publique, bien que, chose curieuse, aucun des documents qui ont trait à l'institution du monopole ne parle de l'alcoolisme.

Aussi le Gouvernement russe chercha-t-il, dans le monopole, un moyen de protéger le consommateur contre la nocuité des alcools impurs en ne laissant entrer dans la consommation que des produits dûment rectifiés.

Ces deux premières raisons : supprimer le débitant, améliorer la qualité des spiritueux, qui furent les raisons principales pour lesquelles l'État établit le monopole comme moyen de défendre et la bourse et la santé du buveur, apparaissent clairement dans le *Bulletin russe*[2] rendant compte des résultats du système pour l'année 1895.

Ce bulletin s'exprime ainsi sur les motifs qui ont fait établir le monopole et sur le but poursuivi :

« *Motifs.* — La qualité détestable des produits mis en

1. *Rev. polit. et parlem.*, 1897, t. XI, p. 133.

2. Cité par M. Jules Roche (*Journal des Contrib. Indirectes* du 21 novembre 1896, p. 621).

vente, les alcools rectifiés n'y figurant que dans une proportion infinitésimale; les dangers offerts par les cabaretiers, qui, en Russie comme partout ailleurs, ne se recrutent que très exceptionnellement parmi les gens dont l'influence soit désirable; la conviction que les alcools amylique, méthylique, butylique et autres poisons violents sont moins dangereux encore que les patentés qui en tiennent boutique. Ce qu'il y a de pire dans le troix-six, a dit quelqu'un, c'est le mastroquet. »

« *But.* — Ne laisser entrer dans la consommation que des alcools rectifiés; rendre impossible la vente à crédit; supprimer les cabaretiers dans les campagnes et en réduire le nombre dans les villes, jusqu'aux extrêmes limites du possible. »

Voilà qui est net. Le rédacteur du *Bulletin russe* ne cherche pas ses expressions au protocole; mais il fait admirablement comprendre ce qu'il veut dire[1].

III

Le législateur russe s'est, en outre, inspiré d'un esprit de protectionnisme agricole. Il a entendu faire une situation favorable aux grands propriétaires fonciers qui, sur leurs domaines, ont établi des distilleries de pommes de terre et de grains. Comme nous le verrons, il a organisé un système d'achat qui assure à ces propriétaires la fabri-

1. De même, l'exposé des motifs du Budget russe de 1895 s'exprime ainsi : « Le système de la vente des boissons alcooliques, tant en gros qu'en détail, donnera au Gouvernement des armes réelles pour lutter contre l'abus des boissons, empêcher la démoralisation du peuple et protéger la santé publique (*Journ. des Contrib. Ind.*, du 20 mars 1895, p. 134.)

cation de l'alcool à des conditions avantageuses, si bien que ceux-ci ont naturellement accepté avec empressement le monopole, qui ne lésait aucunement leurs intérêts[1].

IV

Enfin, on peut mettre les raisons fiscales au dernier rang de celles qui ont porté le Gouvernement russe à établir le monopole de l'alcool.

Sans doute, ce système est considéré bien moins comme un instrument fiscal, que comme un instrument économique, moralisateur ou hygiénique. Mais il n'en est pas moins vrai que le Gouvernement a eu en vue accessoirement l'intérêt du Trésor, comme le déclare d'ailleurs le *Bulletin russe* précité.

« Le monopole, y est-il dit, se fait un honneur de ne pas chercher à grossir *directement, immédiatement,* les recettes du fisc. L'Administration, tout en établissant les prix de vente, de manière que le bénéfice du débit soit assez élevé pour compenser les effets d'une réduction, même accentuée, de la consommation, se résigne à voir le produit des *Boissons* rester stationnaire ou même décliner quelque peu. »

Le législateur du monopole espérait en effet trouver, grâce à l'établissement de ce système, deux sortes de ressources indirectes mais fort appréciables.

D'abord, il espérait encaisser, en outre du produit actuel de l'accise, les bénéfices réalisés jusque-là par les intermédiaires : les grains, évalués à 30 millions, des

1. Débats parlem., Chambre, séance du 11 juin 1895. V. id. *Rev. polit. et parlem.*, p. 135.

marchands en gros possédant des entrepôts, plus ceux des détaillants. Étaient à défalquer, il est vrai, d'une part, tout le produit obtenu par des manœuvres frauduleuses, ou par une activité commerciale exceptionnelle, et, d'autre part, les frais qui incomberaient au fisc du fait du monopole : dépenses d'achat et de rectification de l'eau-de-vie par l'État, d'achat ou de location de magasins de vente, rémunérations à payer aux préposés et fonctionnaires, frais de transport, de manipulation, de bouchage, indemnités à allouer aux villes et aux provinces pour les dédommager des droits qu'elles percevaient sur les licences, etc. Le Gouvernement comptait en même temps sur une meilleure rentrée de l'impôt, par suite de la disparition de la fraude et de la contrebande qui, étant donnée la suppression des débitants, devaient en effet se trouver privées de leurs débouchés naturels, et partant, paralysées dans leurs moyens.

Puis, le Ministre des Finances estimait que si le revenu de l'alcool venait à décroître par suite d'une diminution de la consommation, cette moins-value serait compensée par des excédents réalisés sur d'autres chapitres du budget des recettes. « Ce qu'il encaisse en moins sur les boissons, lit-on dans une circulaire du 22 décembre 1894, le Trésor le recouvre en plus, soit sur d'autres contributions indirectes, soit sur les impôts directs. En même temps, on voit progresser le bien-être et la moralité des masses. » On pensait, en effet, que le monopole, en faisant cesser certains abus, en engendrant plus de tempérance dans la consommation de l'alcool, favoriserait l'épargne et le relèvement économique des populations, d'où plus de facilité dans la rentrée des impôts et des plus-values dans les autres branches des revenus publics[1].

Cette espérance, d'ailleurs confirmée par les faits, de trouver, grâce au monopole, au moins indirectement, accessoirement, des ressources fiscales importantes, voire même des excédents budgétaires, n'a pas été, croyons-nous, sans exercer une influence sur l'esprit du législateur de 1894. Elle dut aider à l'abandon de l'accise qui s'est montrée un excellent régime fiscal[2].

D'ailleurs, l'action que ces considérations financières ont pu exercer en faveur de l'établissement du nouveau régime, ne saurait être exagérée. Il est certain que le motif financier doit être placé au dernier rang de ceux qui ont guidé le Gouvernement russe vers le monopole ; car, comme le dit l'exposé des motifs de la loi de 1894, « si l'on s'en tenait uniquement au point de vue industriel et fiscal, il n'y aurait qu'à maintenir le principe du régime antérieur[3] .» On peut donc affirmer qu'à elles seules, les considérations économiques, moralisatrices et hygiéniques auraient suffi pour faire édicter la réforme, et, dès lors on peut juger combien le but du monopole russe diffère de celui du monopole suisse.

1. *Rev. pol. et parl.*, p. 134, 135, 136 et 141 ; *Annuaire de Législation étrangère*, 1895, p. 798 ; *Journal des Débats*, du 27 mars 1899.
2. *Revue pol. et parlem.*, p. 125.
3. *Rev. des Deux-Mondes*, 1897, t. III, p. 870, et *Rev. pol. et parlem.*, p. 135.

§ 3. — *Des circonstances favorables à l'établissement et au fonctionnement du monopole russe.*

Dans l'exposé des motifs du budget de l'exercice 1895, le Ministre des finances de Russie disait en parlant du monopole : « On ne saurait toutefois se dissimuler les immenses difficultés pratiques qu'il faudra vaincre pour créer de toutes pièces la nouvelle organisation. Quoique l'exploitation des revenus fiscaux par la voie du monopole soit l'objet de nombreuses applications dans les systèmes financiers contemporains, il est hors de doute que la mise en œuvre du monopole des spiritueux constitue un des problèmes les plus ardus qu'ait à résoudre le Ministère des finances. L'exercice de ce monopole met l'Administration en contact immédiat avec des intérêts économiques si divers, que le nouveau système sous sa forme idéale, ne pourra jamais être entièrement réalisé. »

En reconnaissant ainsi les difficultés inhérentes à l'organisation et à la mise en pratique du monopole de l'alcool, le Gouvernement russe faisait preuve d'une circonspection digne d'éloge ; et pourtant, la Russie plus encore que la Suisse, constitue un milieu particulièrement favorable, ce nous semble, à l'établissement et au fonctionnement de ce régime.

Tout d'abord, en effet, l'État a pu, en vertu d'une législation toute spéciale, supprimer sans aucune indemnité les commerçants et les débitants, sous prétexte qu'ils n'exercent en fait qu'un commerce de droit commun, et que, seule, l'expropriation d'un privilège peut justifier une indemnité[1]. Par là même, les frais de premier établissement du monopole se sont trouvés d'autant réduits, ce qui a contribué à la plus-value de recettes fournie par le nouveau régime dès sa première année d'application.

En outre, la volonté une et souveraine qui a institué le monopole russe pouvait formuler un ensemble de prescriptions et de prohibitions énergiques et les sanctionner par des pénalités sévères, dans le but d'assurer le bon fonctionnement du système. Elle pouvait organiser une hiérarchie puissante de fonctionnaires, n'obéissant qu'à elle seule, et les autres moyens d'action nécessaires pour la stricte application des mesures et des peines qu'elle édictait.

Enfin, il est une dernière circonstance qui facilite tout particulièrement le fonctionnement du monopole russe. Elle consiste dans la nature même de l'alcool produit et consommé en Russie.

En effet, cet alcool, par cela même qu'il est presque exclusivement de l'alcool d'industrie de pommes de terre et de grains[2], se prête mieux que tout autre à l'exercice d'un monopole. Sa production nécessitant des opérations complexes, un outillage important, et par suite, de véritables usines, la Régie a toute facilité pour la surveiller; en suivre toutes les phases, l'accaparer en entier, en empêchant les distillateurs d'en soustraire une partie au monopole dans les régions où ce régime a été institué.

1. Rapport de M. Guillemet, *Doc. parlem.*, Chambre, 1897, t. I, p. 160. — Le Gouvernement n'avait, d'ailleurs, aucune raison de ménager les cabarets, dont l'existence seule constituait une illégalité depuis leur suppression en 1885.

2. *Rev. polit. et parlem.*, 1897, t. XI, p. 136 et 137. — *Débats parlem.*, séance du 11 juin 1895. — La pomme de terre sert à fabriquer les 3/5 des eaux-de-vie du pays.

L'État n'a eu qu'à organiser *un monopole de l'alcool d'industrie.* La fabrication des eaux-de-vie naturelles étant insignifiante en Russie, et ne se rencontrant guère que dans quelques districts de l'extrême Sud, en Crimée et au Caucase[1], l'Administration ne se heurte pas, tant au point de vue hygiénique qu'au point de vue fiscal, à cette production considérable des eaux-de-vie de vin et de fruits, qui fait obstacle au bon fonctionnement du monopole suisse.

A ce dernier point de vue, la Russie constitue un milieu économique d'autant plus favorable au fonctionnement d'un monopole de l'alcool, que l'eau-de-vie consommée étant en général un mélange grossier de trois-six et d'eau, les frais de manipulation de l'Administration sont réduits à leur minimum, et ses opérations de vente dans ses entrepôts et débits aussi simples, aussi peu commerciales que possible.

§ 4. — *Organisation du Monopole*[2].

I

Le Monopole russe laisse en dehors de son action la production de l'alcool, celle-ci reste dévolue aux fabriques privées, qui continuent à être soumises au régime

1. *Économiste français*, 1896, t. II, p. 474, et Débats parlem., Chambre, Séance du 11 juin 1895.

2. *Rev. pol. et parlem.*, année 1897, t. XI, p. 138 et s. — Rap. de M. Guillemet (*Doc. parlem.*, 1897, Chambre, t. I, p. 160). — *Annuaire de Législation étrangère*, année 1895, t. XXIV, p. 799 et s., texte de la loi du 6 juin 1894 : *Débats parlem.*, séance du 11 juin 1895.

de l'accise : surveillance permanente, maximum et minimum des cuves de fermentation, nécessité d'une autorisation pour toute modification à l'outillage.

Toutefois la loi (art. 9) fixe un maximum à la fabrication des distilleries, en décidant qu'aucune d'elles ne devra produire désormais, en une même année, plus qu'elle ne l'a fait pendant la plus forte des trois campagnes antérieures à la mise en vigueur du monopole. Par conséquent si une distillerie de la province de Perm a produit 15 000 hectol. d'alcool pur en 1891-1892, 17 000 en 1892-1893, 10 000 en 1893-1894, elle ne peut plus maintenant produire en une même campagne (1895-1896) plus de 17 000 hectolitres. La loi décide en outre que « la reprise de la fabrication dans les établissements qui n'ont pas fonctionné pendant les mêmes périodes, ainsi que l'ouverture de nouvelles fabriques ne peuvent avoir lieu qu'avec l'autorisation du Ministre des finances, après entente avec le Ministre de l'agriculture » (art. 9).

On peut dire que le Gouvernement a réparti ainsi entre les grands distillateurs et, en quelque sorte, consolidé à leur profit la production des trois dernières années antérieures à l'institution du monopole.

Si donc la fabrication demeure entre les mains des distillateurs privés, elle est sévèrement réglementée.

De plus, l'État s'étant réservé la vente des alcools dans les régions soumises au monopole, les producteurs de chacune de ces régions doivent lui livrer les quantités destinées à y être consommées. A cet effet l'Administration locale des Contributions indirectes dresse pour chaque exercice un état évaluatif de la vente des spiritueux. Cet état détermine le total des eaux-de-vie à livrer à la consommation de chaque zone. Il est soumis à l'approbation du Ministre des finances.

L'Administration achète par voie d'adjudication un tiers des quantités dont elle a besoin ; elle se procure les deux autres tiers par des achats dont les prix sont fixés annuellement par le Ministre, « eu égard aux conditions locales de la production », c'est-à-dire suivant le coût des matières premières et les frais de production. Les commandes, considérées comme des faveurs, sont réservées aux distilleries de grains et de pommes de terre situées dans les régions du monopole, à l'exclusion des distilleries de mélasses ou produisant des levures qui sont seulement admises à prendre part aux adjudications. Afin de favoriser les moyennes distilleries, les commandes sont fixées à 5 000 védros (le védro équivaut à 12 lit. 30), par usine. Les quantités non couvertes par cette première répartition sont ensuite distribuées au prorata de la production moyenne des distilleries.

La partie produite et non absorbée par les achats de l'Administration reste sous la surveillance des agents ; mais les fabricants peuvent l'écouler dans les régions non soumises au monopole, c'est-à-dire dans la zone du commerce libre, ou l'exporter, en acquittant l'accise et sous la surveillance de la Régie. De cette façon le distillateur peut placer son alcool à des conditions meilleures si l'État n'est pas acheteur au prix auquel il désire réaliser sa production.

II

Le monopole russe n'est pas non plus un monopole de rectification, du moins en fait. L'État s'est bien réservé le droit d'épurer les flegmes ou alcools bruts. Mais en fait ce droit est resté à peu près théorique. L'État, après avoir acheté les flegmes, les fait rectifier dans des usines privées avec lesquelles il a passé des marchés ; et c'est seulement lorsqu'il n'y a dans la région aucun établissement de rectification, que l'État y supplée en créant des usines de rectification. On peut donc dire qu'il s'agit ici d'un monopole supplétif, subsidiaire, intervenant seulement à défaut de l'initiative privée, et ne fonctionnant que dans les cas où celle-ci reste inactive.

III

Le monopole russe n'est donc pas un monopole de fabrication, ni même un monopole de rectification complet. Par contre, il est un véritable monopole de vente, celle-ci s'étendant jusqu'à la vente en détail.

En effet, l'État après avoir vérifié le degré de pureté des alcools rectifiés, se réserve le droit exclusif de vendre[1] aux fabriques particulières d'eau-de-vie aromatisées et de liqueurs, l'alcool nécessaire à leur production, aux prix fixés par le Ministre des finances. A leur tour, ces fabricants de liqueurs ne peuvent vendre que par l'entremise obligatoire de la Régie. Celle-ci reçoit les demandes et les transmet aux fabricants qui lui adressent les boissons demandées. Elle s'assure de leur innocuité, — ce qui, au point de vue hygiénique, constitue un grand avantage du monopole russe sur le monopole suisse, — et les expédie aux destinataires en préle-

1. L'État vend cinq types d'alcool titrant 40°, 42°, 57°, 80° et 92°.

vant un droit dit de commission, qui varie suivant l'origine ou la nature des liqueurs.

Un régime à peu près semblable fonctionne pour les achats effectués à l'étranger. C'est ainsi que le négociant ou marchand qui reçoit du cognac de France est tenu d'en déclarer la quantité et de l'envoyer à l'Administration de l'accise. Là, il doit fixer le prix auquel il le revendra au détail. Chaque bouteille est cachetée, banderolée, et le prix indiqué par le marchand est inscrit sur l'étiquette. De cette façon, le prix de la bouteille ne peut jamais plus être majoré[1].

Ce qui caractérise surtout le monopole russe, c'est qu'il est un monopole de vente au détail. Suivant le but qu'il poursuivait, l'État s'est substitué au « mastroquet », comme on dit à Saint-Pétersbourg. Il entre directement en relation avec le consommateur par l'intermédiaire de débits de vente[2], sorte de bureaux d'eaux-de-vie, qui ne sont pas sans ressembler à nos bureaux de tabac, avec cette différence qu'il est permis de fumer dans nos bureaux de tabac, tandis qu'il est défendu de boire dans les bureaux d'alcool russes.

Voici, d'ailleurs, un extrait des règlements qui régissent la vente :

« Les jours de la semaine, les débits ouvriront à sept heures du matin et seront fermés à dix heures du soir dans les villages, à onze heures dans les villes.

1. *Journ. des Contrib. Ind.* du 21 juillet 1897, p. 351, et du 21 septembre 1897, p. 447. — L'Administration percevait d'abord un droit de commission sur les eaux-de-vie étrangères importées par son intermédiaire dans les régions du monopole, mais ce droit a été supprimé.

2. Les entrepôts vendent aussi directement aux particuliers en bouteilles cachetées ou en fûts.

« Les dimanches et les jours fériés (Noël, Pâques, etc. en tout 33 jours), les débits ne pourront commencer la vente avant onze heures ; ils ouvriront après le service divin seulement, s'il n'est pas terminé à cette heure. S'il y a procession religieuse, la vente ne pourra avoir lieu pendant tout le temps que celle-ci durera.

« Il est défendu de vendre à crédit. Les acheteurs devront se tenir d'une manière convenable. Il leur est défendu de boire, de manger, de fumer et de déboucher les bouteilles dans les débits : il leur est défendu de réclamer aux débitants des tire-bouchons, des clous ou tout autre outil pouvant servir au débouchage.

Les acheteurs ne séjourneront dans les débits que le temps strictement nécessaire pour faire l'achat[1]. »

Le débit d'alcool russe n'est donc plus qu'un simple comptoir de vente, où l'on ne consomme pas. « En réalité, dit le Dr Portougaloff, le bar, l'estaminet, le vulgaire cabaret où l'on tue le temps en s'empoisonnant, tout cela n'existe plus et est officiellement interdit[2]. »

Les villes où fonctionne le monopole ne possèdent plus que quelques boutiques, au lieu des centaines de cabarets que l'on y rencontrait autrefois. Ainsi la ville de Samara, capitale de la province de ce nom, ne possède plus guère que 30 boutiques pour une population de 100 000 âmes[3].

Il en est de même pour St-Pétersbourg, où le monopole a été introduit en 1898. Aux 27 000 débits d'alcool environ qui existaient dans la capitale, on a retiré l'autorisation de vendre. On les a remplacés par 5 000 établis-

1. Journ. *l'Alcool* de déc. 1896, n° 12, p. 184.
2. *Id.*, déc. 1896, n° 12, p. 183.
3. *Id.*, oct. 1896, n° 10, p. 149.

sements placés sous le contrôle de l'État. et répartis à distances égales dans la ville. Ces établissements sont dirigés par des jeunes filles assistées d'un garçon de peine. L'alcool, dont l'État a vérifié la rectification, y est délivré dans des flacons de faible contenance portant une bande timbrée par l'Administration. Le consommateur ne peut se faire délivrer qu'un seul flacon dans un de ces établissements, et il est obligé de parcourir une distance assez grande, pour s'offrir une nouvelle ration d'eau-de-vie qui lui est impitoyablement refusée, s'il offre les moindres signes d'ivresse[1].

Les tenanciers des débits, employés de l'État, reçoivent une rémunération fixe, sans aucune allocation proportionnelle à leur chiffre d'affaires, de telle sorte qu'ils n'ont aucun intérêt à pousser à la consommation. L'eau-de-vie, connue sous le nom de *wodka*, qu'ils débitent le plus généralement, est une eau-de-vie titrant 40 degrés. Ils la reçoivent des entrepôts de la couronne et doivent la vendre dans des bouteilles et fioles bouchées, cachetées à la cire ou plombées avec l'empreinte du sceau de l'État. Ces récipients portent une étiquette indiquant la capacité, le degré alcoolique et le prix. Ils ont une contenance variable de centilitres : 6, 15, — 12, 3, — 24, 6, — 61, 5, etc. Leur prix est strictement proportionnel à la quantité de liquide qu'ils contiennent, de telle sorte qu'une fiole de 6 centil. à 40° se vend juste 10 fois moins cher qu'une bouteille de 60 centil. à 40° également[2].

A côté des débits officiels certains établissements par-

1. Journ. l'*Alcool* de janv. 1899, n° 1, p. 14.
2. *Rev. polit. et parlem.* 1897, t. XI, p. 139 et 140 ; — *Rev. des Deux Mondes*, année 1897, vol. III, p. 872.

ticuliers peuvent, moyennant l'autorisation du directeur de l'Accise, vendre des eaux-de-vie du monopole. Tel est le cas des traktirs ou restaurants de campagne, des restaurants des villes, des buffets des gares de chemin de fer. Ces sortes de débits auxiliaires vendent à emporter, comme les bureaux de l'État, et, en outre, à consommer sur place. Mais, dans les deux cas, ils ne peuvent servir à leurs clients que des fioles bouchées et cachetées, et au prix marqué sur l'étiquette, sans majoration d'aucune sorte. Par suite tout bénéfice proportionnel aux quantités vendues est impossible sur le débit des spiritueux, même quand la consommation en a lieu sur place. Ces débitants auxiliaires reçoivent d'ailleurs une rémunération de 5 cent. 1/2 par litre à 40°, mais ils doivent payer les frais de transport de l'entrepôt de l'État à leur magasin.

Enfin, tout à fait exceptionnellement, à titre de faveur spéciale, que le moindre soupçon de fraude fait retirer, les grands restaurants des villes, les buffets des gares et certains cafés « de confiance » peuvent débiter en mesures et à prix libres, c'est-à-dire au petit verre, ou, d'une façon générale, dans des récipients autres que ceux de la Régie. Ce mode de vente rend obligatoire la vente en fioles bouchées et cachetées et au prix fixé.

Il peut aussi être permis aux restaurants des campagnes par le Ministre des finances. Mais, il ne semble pas que le Ministre soit disposé à faire des exceptions pouvant donner aux traiteurs des campagnes quelque intérêt à pousser à la consommation.

Cette vente au détail et à prix libre, autorisée dans les restaurants de la région du monopole, ne saurait d'ailleurs présenter de bien grands dangers pour les classes laborieuses; car, le prix des plats y est relativement élevé[1].

Avec ce système, le nombre des débitants qui pourraient trouver un avantage direct et certain à exploiter l'ivrognerie se trouve étroitement limité.

Rentrent seuls dans cette catégorie :

1° Les restaurants et buffets en possession du droit de vendre des spiritueux à prix et en mesures libres, établissements dont le total ne dépassera pas d'ailleurs 10 000 lorsque le monopole sera devenu universel dans l'ensemble de la Russie ;

2° Les débits de spiritueux à emporter en récipients bouchés qui ne sont pas tenus par des salariés du fisc, touchant des appointements fixes, mais par des commerçants. Comme les bureaux de vente, les magasins de ce type livrent bien pour le compte du monopole des eaux-de-vie communes. Mais, la vente de l'eau-de-vie, c'est-à-dire de l'alcool de pommes de terre ou de grains à 40°, n'est pour eux qu'un accessoire. Ils s'adressent de préférence à la clientèle relativement riche et aisée, pour laquelle ils détiennent des liqueurs : arack, rhum, cognac, etc. Ces boissons, plus ou moins authentiques, sans doute, ont, au point de vue hygiénique, l'avantage de coûter beaucoup plus cher que la wodka du Gouvernement. La qualité en a été vérifiée du reste par la Régie, par l'entremise de laquelle elles ont été achetées.

Bien que ces divers établissements ne soient guère dangereux pour les petites bourses, c'est-à-dire pour les

1. V. *Rev. polit. et parl.*, année 1897, t. XI, p. 140; — *Économiste français*, année 1896, t. II, p. 474. — Docum. parlem., Chambre, 1897, I, p. 160.

dix-neuf vingtièmes de la population, et que, d'autre part, ils soient les seuls qui pourraient être enclins à encourager l'ivrognerie, la loi du 6 juin 1893 a pris des précautions énergiques contre le danger, quelque minime qu'il soit. Elle subordonne leur ouverture à un système d'autorisation compliqué, et donne à l'Administration de l'accise le droit de prononcer leur fermeture, en la munissant à cet égard de pouvoirs discrétionnaires[1].

§ 5. — *Résultats fiscaux.*

Voici certains chiffres relatifs aux résultats financiers du monopole ; nous reproduisons in-extenso les documents qui les contiennent.

I

Revue politique et parlementaire, année 1897. — « La première année (1895), le Ministre des finances a fixé le prix de vente de l'eau-de-vie à 40° à 1 fr. 67 c., c'est-à-dire qu'il s'est alloué 60 centimes environ par litre (F 1.67-1.07), pour couvrir ses frais généraux et la prime d'assurance contre les progrès de la sobriété.

« Pendant la période 1891-1894, les quatre provinces où a été faite en 1895 la première application du monopole, avaient consommé une moyenne annuelle de 36 869 375 litres d'eau-de-vie à 40 degrés. Avec le régime de l'accise, ce chiffre eût correspondu en 1895 à

1. *Rev. polit. et parl.*, année 1897, t. XI, p. 140 et 141 ; — *Annuaire de Législation étrangère,* 1895, t. XXIV. Loi du 6 juin 1894, art. 21, 26, 29, 30, 36 et 37.

un rendement fiscal de 33 (trentre-trois) millions de francs. L'exploitation du monopole, déduction faite de toutes les dépenses autres que l'amortissement des capitaux engagés, a produit 44 2/3 millions de francs, et, tout compte tenu de cet amortissement, 43 (quarante-trois) millions de francs.

Le chiffre global de la consommation n'ayant baissé que de 1 2/3 p. °/₀ (un et deux tiers pour cent) dans les quatre provinces de Perm, Orenbourg, Samara et Oufa et les frais généraux ayant été moindres qu'on ne l'avait cru, le monopole a donné une plus-value de dix millions de francs environ, soit de trente pour cent. La réforme, contre toute attente, a été une excellente affaire pour le fisc.

Le contrôle de l'Empire, dans son compte rendu sur l'exécution du budget de 1895, déclare que l'exploitation du monopole a donné un honi net de 3 723 101 roubles (soit exactement 9 928 629 fr.) ».

II

Rapport de M. Guillemet sur le monopole de la rectification de l'alcool (1897)[1]. — Quant aux résultats financiers, ils peuvent se ramener à ceci :

l'hectol. d'alcool pur a coûté au public :		Et le trésor a réalisé sur ces prix un bénéfice de :	
à Orenbourg..	437 fr.	306 fr.	à Orenbourg.
à Oufa......	421	378	à Oufa.
à Perm......	438,50.	315	à Perm.
à Samara....	395	305	à Samara.

1. *Docum. parlem.*, Chambre, 1897, t. I, p. 160.

Au total, sur une consommation de	145 690 hectol.
qui, au taux de l'accise, aurait rapporté	10 974 898 roubles
le Trésor a perçu	16 516 359
Soit en plus	5 541 461 roubles

Mais il faut déduire de cette plus-value le montant des licences et des patentes non encaissées par suite de la disparition des négociants et débitants et les frais d'amortissement du capital de premier établissement, ce qui ramène la plus-value apparente de 5 541 461 roubles à 4 973 359 roubles. Ce chiffre représente une augmentation de recette de 46 °/₀ environ.

III

L'Annuaire de Législation Étrangère de 1896 donne les chiffres suivants :

« L'Administration des contributions indirectes a constaté que le monopole de la vente des boissons alcooliques par l'État a produit, en 1895, dans les quatre provinces, en dehors des droits d'accise, un revenu brut de 11 461 504 roubles, 87 kopecks 3/4. Les frais étant de 6 millions, le produit net est donc de 4 670 321 roubles. Si l'on considère que les frais d'installation du monopole ont été de 4 931 002 roubles, on voit que les frais ont été couverts jusqu'à concurrence de 94 °/₀ par les bénéfices nets du monopole ».

IV

Journal des Débats du 27 mars 1899. — « L'État vend le litre d'alcool par 3 fr. 92, ce prix doit rembourser à l'État les 2 fr. 13 d'accise qu'il ne perçoit plus et toutes les dépenses, y compris les indemnités allouées aux villes et aux provinces pour les dédommager des droits qu'elles percevaient sur les licences.

La dépense totale, les 2 fr. 13 inclus, étant de 3 fr. 36 par litre, contre une recette de 3 fr. 92, le monopole fait encaisser au Trésor, outre le montant de l'accise, un bénéfice net de débit de 56 centimes par litre d'alcool pur. En 1897, le bénéfice global du monopole a été ainsi de 47 millions ».

En somme, le monopole russe semble avoir donné de bons résultats fiscaux, tout au moins dans les quatre provinces de Perm, Oufa, Orenbourg et Samara. Étant données son organisation et les conditions économiques et politiques dans lesquelles il fonctionne, il pourra se montrer de même à l'avenir un bon régime fiscal, bien que le Gouvernement le considère beaucoup moins comme un instrument financier que comme un instrument économique et hygiénique.

§ VI. — *Résultats économiques, moraux et hygiéniques.*

I

Au point de vue économique, le nouveau régime a-t-il fait cesser complètement l'exploitation des paysans et ouvriers par les cabaretiers ? A-t-il amélioré la condition économique et matérielle des classes laborieuses ? A-t-il augmenté le bien-être général ? Questions controversées.

Les uns répondent que les résultats sont excellents.

« La vente des boissons spiritueuses dans les débits de l'État se faisant par l'intermédiaire de personnes d'une condition plus relevée qui n'ont aucun intérêt à pousser à la consommation, on ne voit plus, dit-on, les débitants enivrer à plaisir leurs clients pour les dépouiller de ce qu'ils possèdent[1]. »

« La réforme, ajoute-t-on ailleurs, exerce un effet salutaire sur les ressources matérielles du peuple. Ce progrès économique est confirmé par l'accroissement des recettes du fisc (pour les autres impôts) et par l'affluence des dépôts aux Caisses d'épargne[2]. »

Les autres prétendent, au contraire, que si l'on a chassé l'ancien cabaretier par la porte, on a bien du mal à l'empêcher de rentrer par la fenêtre, ce qui prouve que le mastroquet russe a la vie dure.

La faculté accordée aux établissements de traiteurs de vendre au détail donne lieu à de sérieux abus, et il faut toute l'attention des agents du monopole pour veiller à ce que les petits restaurants ne remplacent pas les désastreux cabarets d'autrefois.

Dans la circonscription de Perm se seraient formés des débits clandestins d'autant plus difficiles à découvrir qu'ils sont assurés de la complicité de toute une partie de la population, et qu'ils fonctionnent généralement la nuit, lorsque les bureaux de la Régie sont fermés. « L'eau-de-vie qu'ils vendent est celle du monopole, qu'ils font payer un peu plus cher ou qu'ils additionnent d'eau[3]. »

1. *Annuaire de Législation étrangère*, année 1896, t. XXV, p. 672.
2. *Journ. des Débats* du 27 mars 1899.
3. *Rev. polit. et parlem.*, année 1897, t. XI, p. 144.

II

Les résultats moraux et hygiéniques du monopole sont-ils meilleurs que ses résultats économiques ?

La réponse n'est ni plus affirmative, ni plus satisfaisante.

D'après les uns, la suppression des anciens cabarets, la limitation du nombre des débits de l'État, le renchérissement de la marchandise, l'établissement de prix uniformes et de la vente au comptant, l'interdiction de consommer sur place, etc. auraient eu pour conséquence une réduction réelle de la consommation. Cette diminution de la consommation serait prouvée par l'amoindrissement des chômages, des condamnations, des maladies contractées ou des blessures reçues en état d'ivresse, etc. En outre la qualité de l'alcool serait devenue infiniment meilleure puisqu'il n'est livré à la consommation que rectifié[1].

D'un autre côté, au contraire, on fait observer que la consommation n'aurait nullement diminué, qu'au lieu de boire dans les centaines de cabarets, on boirait dans un nombre moindre, mais toujours autant; que l'alcoolisme, pour avoir peut-être changé de forme extérieure, n'aurait rien perdu dans son essence[2].

On ajoute même que « l'on boit bien plus qu'avant l'introduction du monopole ; car l'eau-de-vie de l'État est à bon marché, d'un goût agréable et non mélangée d'eau, dont les cabaretiers d'autrefois n'étaient point avares ».

1. *Annuaire de Législation étrangère*, 1896, t. XXV, p. 672, et *Journ. des Débats.*
2. Journ. *l'Alcool*, oct. 1896, n° 10, p. 149 et 150.

L'ivresse arriverait bien plus vite ; car, tandis qu'on buvait auparavant de l'eau-de-vie contenant 30 °/₀ d'alcool, la *wodka* du monopole serait plus forte et partant plus dangereuse.

On nous raconte que, dans les villes où fonctionne le nouveau régime, les gargotes, les débits de vins et surtout les brasseries se sont multipliés autour des bureaux de vente et ont remplacé les anciens cabarets. Après avoir acheté une fiole d'eau-de-vie au débit de l'Administration, le consommateur s'empresse d'entrer dans une brasserie voisine. Là, il se fait servir une bouteille de bière, et, tantôt en vertu d'un compromis passé avec le patron, tantôt à l'insu du personnel ou malgré ses objurgations, il lampe dans les chopes de l'établissement son trois-six soit pur, soit mélangé avec de la bière qu'on lui a servie, mélange très prisé des amateurs et agissant très rapidement. « Ainsi l'atmosphère de cabaret, enfermée autrefois et retenue dans l'enceinte de l'établissement, gagne et remplit tout le quartier avoisinant[1]. »

Dans les campagnes, les paysans se réuniraient les uns chez les autres et se mettraient à boire chez eux, si bien que l'ivresse serait ainsi apparue sous sa forme peut-être la plus désastreuse, et, en tout cas, la plus difficile à combattre : l'ivresse au foyer domestique.

Ce qu'on reproche surtout au monopole, c'est d'avoir fait quitter à l'ivrognerie les repaires où elle se tenait cachée, le cabaret où l'ivrogne avait le temps de cuver son trois-six, pour la transporter en pleine rue, où son exemple démoralisant tend à faire disparaître « tout sentiment de gêne et de retenue, toute honte de se montrer

1. *Annuaire de Législation étrangère*, année 1896, t. XXV, p. 673.

ivre en public ». Le monopole aurait substitué à l'ivresse clandestine, l'ivresse contractée coram populo.

On nous décrit l'aspect des rues où se trouvent les bureaux de vente. C'est une longue file de chariots s'arrêtant et stationnant devant les magasins de l'État et empêchant la circulation. Ce sont des buveurs qui, après avoir acheté les fioles de la Régie, s'installent sur les trottoirs, sur les bancs des squares, dans les jardins publics. Ceux-ci font sauter le bouchon et vident d'un seul trait les fioles qu'ils se sont procurées. Ceux-là vont trouver une nouvelle espèce de garçon de rue, d'industriel, porteur d'un tire-bouchon et d'un verre, quelquefois même d'une croûte de pain et d'un morceau de hareng, et dont la profession est de déboucher les bouteilles qu'on lui laisse pour prix de ses services. D'autres, impatients de boire, ne prennent même pas le temps d'attendre le tire-bouchon, mordent le goulot de la bouteille, se font des blessures aux lèvres, et, après avoir bu, perdent connaissance et tombent dans la rue couverts de sang. C'est là, paraît-il, un spectacle assez commun dans les villes où le monopole de l'alcool a été introduit[1].

Ces renseignements contradictoires sur les résultats obtenus dans l'ordre économique, moral et hygiénique, sont plutôt défavorables au monopole. Ils donnent tout au moins à penser que ce régime, organisé pourtant d'une façon si sévère en Russie, n'a pas atteint le but principal en vue duquel il a été institué, ou, ce qui revient au même, qu'il donne lieu à des inconvénients presque aussi déplorables que les abus qu'il a fait dis-

1. *Rev. pol. et parl.*, 1897, t. XI, p. 144, et *Réforme sociale*, 1898, t. I, p. 420.

paraître. Les statistiques auraient pu nous renseigner d'une façon certaine, mais elles nous ont manqué.

Toujours est-il qu'une sauvegarde plus efficace de l'hygiène et de la morale publiques demanderait une réduction du degré alcoolique, au risque de diminuer les ressources du fisc, et de faire soupçonner « le Gouvernement de débiter de l'alcool de mauvaise qualité[1] », suivant la crainte manifestée par le Ministre des finances dans un voyage à Samara. D'ailleurs, dans certaines localités des provinces de Perm et de Samara, les paysans se sont plaints de ce que la wodka du Gouvernement fût trop forte, presque insupportable[2], habitués qu'ils étaient à consommer avant le monopole une eau-de-vie d'une teneur alcoolique beaucoup plus faible[3]. Peut-être le Gouvernement a-t-il, depuis ces plaintes, abaissé le degré de son eau-de-vie.

En outre, si la consommation de l'alcool a réellement diminué, comme on le dit d'un côté, il n'est pas douteux que ce résultat soit dû en partie aux Sociétés de tempérance ou curatelles, organisées par le Gouvernement, dans le but de procurer aux populations des distractions, telles que des représentations théâtrales, des conférences avec projections, etc. et de les éloigner ainsi des débits d'alcool[4].

1. Journ. *l'Alcool* d'oct. 1896, nº 10, p. 150.
2. *Annuaire de Législ. étrang.*, année 1896, t. XXV, p. 672.
3. Avant le monopole, en effet, l'eau-de-vie consommée ne dépassait pas en réalité 18 degrés, si nous en croyons le Dr Portougaloff.
4. *Annuaire de Législ. étrang.*, année 1895, t. XXIV, p. 673.

CHAPITRE III

Les Projets de Monopole :

1° *En Allemagne ;*
2° *En Autriche-Hongrie ;*
3° *En Italie ;*
4° *En Belgique.*

SECTION I

EN ALLEMAGNE

En 1886, M. de Bismarck, poussé par le désir d'accroître l'hégémonie prussienne, voulut renouveler à l'égard de l'alcool la tentative de monopolisation qu'il n'avait pu faire réussir quatre ans auparavant, en 1882, à l'égard des tabacs[1].

1. *Journ. des Économistes*, 5e série, t. XIII-XIV : *Les monopoles fiscaux*, par M. René STOURM, p. 356. — V. id., *Rapport sur le monopole de l'alcool*, par M. Em. Jamais, député (*Journ. des Contrib. Ind.* du 18 mars 1888, p. 144).

§ 1. — *Buts poursuivis.*

Dans son projet du 8 janvier 1886, le chancelier se proposait à la fois un but protectionniste, un but fiscal et, subsidiairement, un but hygiénique, et, surtout, un but politique.

Au point de vue protectionniste, le monopole devait favoriser la distillerie indigène, ou, plutôt, les grandes distilleries de pommes de terre, au profit desquelles la production aurait été limitée et la concurrence étrangère supprimée [1].

Au point de vue financier et subsidiairement au point de vue hygiénique, il avait pour but de relever l'impôt, dont le taux réel, de beaucoup inférieur à celui de la plupart des autres pays, variait de 18 à 20 fr. par hectolitre d'alcool pur, suivant les distilleries. Il aurait ainsi permis de retirer de l'alcool des ressources aussi importantes qu'en France et en Angleterre, et en même temps d'arrêter les ravages causés par l'abus de l'eau-de-vie, dont la consommation, favorisée par le bon marché, s'élevait au chiffre énorme de 18 litres à 50 degrés par habitant [2].

Au point de vue politique, il aurait renforcé l'unité allemande en amenant les États du sud à renoncer à leur législation spéciale, en matière d'impôt sur les boissons, et donné au Gouvernement de Berlin une légion d'agents

1. Rapp. de M. Léon Say (*Journ. des Contrib. Ind.* du 22 juillet 1888, p. 394).
2. *L'impôt sur l'alcool dans les principaux pays*, p. M. René STOURM, p. 157, 159 et 188.

lui permettant d'agir sur les élections dans toute l'étendue de l'Empire.

§ 2. — *Organisation du Monopole*[1].

I

Le monopole projeté n'était pas un monopole de fabrication. L'industrie privée restait chargée de la production de l'alcool brut. Mais elle devait se conformer à de sévères mesures de surveillance; le chiffre de la production annuelle des diverses distilleries devait être déterminé par la loi; l'ouverture de nouveaux établissements était astreinte à une autorisation; enfin la Régie pouvait interdire l'emploi de matières produisant de mauvais alcools.

Les brûleries existantes étaient autorisées à maintenir leur production sur le même pied que précédemment.

II

Cette réglementation rigoureuse de la production des flegmes, par les fabriques privées, était d'ailleurs le préliminaire nécessaire de la monopolisation par l'État de l'achat, de la rectification et de la vente en gros et en détail des spiritueux.

Les propriétaires de brûleries étaient tenus, en effet, de livrer à la Régie toute leur production. Ceux qui n'auraient pas livré la quantité minima d'alcool fixée par

1. Rap. de M. Léon Say (*Journ. des Contrib. Ind.* du 22 juillet 1888, p. 394).

l'Administration devaient être passibles de poursuites et d'amendes.

Toutefois les propriétaires des petites distilleries pouvaient être autorisés à conserver tout ou partie de leurs produits pour les consommer, à condition d'en payer le prix à un tarif réduit, et de n'en céder aucune quantité à des tiers.

Les prix d'achat à payer aux brûleurs devaient être tarifés par le Conseil fédéral. Ils pouvaient être majorés de deux marcks au profit des petites distilleries de pommes de terre, et devaient être moins élevés pour les alcools qui, par suite de leur fabrication défectueuse, ne pouvaient pas être employés comme boisson.

L'alcool extrait de matières prohibées ou que la rectification ne pourrait assainir, devait être détruit par l'Administration, sans que le distillateur pût réclamer aucune indemnité.

III

Après avoir emmagasiné la totalité des alcools bruts indigènes et étrangers, l'Empire aurait été chargé de les rectifier, de les travailler, pour les transformer en boissons alcooliques, dans des établissements créés, achetés ou loués à cet effet, et enfin de les vendre directement ou de les faire vendre pour le compte de la Régie du monopole.

Les États particuliers devaient désigner des agents pour la vente en gros, et des débitants pour la vente au détail. Ces agents et débitants auraient été placés sous la surveillance de l'Administration du monopole, ainsi que de la Douane et des Contributions indirectes.

De même qu'il devait déterminer le prix d'achat de l'alcool brut par l'Administration du monopole, le Conseil fédéral était également chargé d'établir un tarif pour la vente des boissons alcooliques au consommateur. Le litre d'eau-de-vie devait être vendu à raison de deux à trois marks par litre d'alcool pur. L'alcool destiné à des usages industriels, au chauffage, à l'éclairage, ou à la fabrication du vinaigre, devait être livré au prix de revient par l'Administration du monopole.

La vente devait être effectuée, pour le compte du monopole, par des agents et débitants révocables. Ces intermédiaires auraient vendu les spiritueux de toutes sortes réclamés par la consommation locale; ils auraient été soumis à des règlements sévères, notamment pour le prix de vente et la livraison des produits à l'acheteur dans la bouteille fournie par la Régie.

Les hôteliers, restaurateurs, cafetiers, directeurs de casinos, etc., auraient été autorisés à vendre des spiritueux sans être obligés d'appliquer le tarif de vente imposé aux débitants, mais aussi sans pouvoir se procurer de l'alcool ailleurs que chez les agents et débitants nommés par l'Administration du monopole.

Le chancelier de l'Empire aurait été le directeur de toute cette administration, et l'Empereur, d'accord avec le Conseil fédéral, aurait nommé les administrateurs.

§ 3. — *Frais d'établissement du monopole.*

Tout d'abord des indemnités devaient être allouées à toutes les personnes dont la fortune réelle ou personnelle se serait trouvée diminuée par suite de la suppression, d'une part, du commerce des spiritueux, et, d'autre part, de la liberté de l'industrie pour la rectification de l'alcool ou la préparation des boissons alcooliques.

Ainsi auraient eu droit à une indemnité pour dommage personnel, après quatre années, passées dans l'industrie ou la profession :

1° Les industriels qui rectifient l'alcool ou qui préparent des boissons alcooliques, dans le cas où leurs établissements n'auraient pas été rachetés par l'Administration du monopole[1].

2° Les marchands de spiritueux ou détaillants ;

3° Le personnel technique des usines de rectification ou des fabriques de boissons alcooliques (directeurs d'usines, inspecteurs, surveillants, etc.) ;

4° Enfin, les employés ou agents professionnels du commerce des spiritueux (représentants, courtiers, voyageurs, etc.)[2].

Des secours étaient également prévus pour les personnes qui, sans avoir droit à une indemnité, auraient été cependant lésées dans leurs intérêts par le monopole.

Le montant des indemnités était évalué d'abord à

1. L'indemnité à allouer aux industriels pour les bâtiments et outillages qui n'auraient pas été repris par l'Administration du monopole, devrait être déterminée d'après une déclaration accompagnée d'un état des lieux.

2. Toutes ces indemnités personnelles devaient être liquidées en prenant pour base, d'une part, le temps passé dans l'emploi et la nature de cet emploi ; d'autre part, le traitement net, salaire ou profit des cinq dernières années. Aucune indemnité ne pouvait être inférieure au traitement, salaire ou profit d'une année, ni supérieure à cinq fois ce chiffre.

600 millions[1]. Mais ce chiffre eût été de beaucoup dépassé, en raison, notamment, de la modification introduite par le Conseil fédéral, qui abaissait de quatre à deux années la durée d'exercice nécessaire pour avoir droit à des dommages-intérêts.

Quant au budget total de liquidation, comprenant tous les frais d'établissement du monopole, il devait s'élever à 720 millions de marks (900 millions de francs).

§ 4. — *Conséquences prévues et causes de l'échec du monopole devant le Reischtag.*

I

Au point de vue fiscal, le rendement net du nouveau régime devait s'élever à 300 millions de marks (375 millions de francs) par an, tandis que l'impôt établi par la loi du 8 juillet 1868 ne rapportait que 71 millions[2] de francs environ pour tout l'empire.

Au point de vue économique, l'Empire se serait trouvé directeur d'une gigantesque entreprise de commerce et de fabrication, propriétaire de vastes usines, patron d'une légion d'employés, d'ouvriers, d'agents en gros et de détaillants. Le monopole aurait d'ailleurs fait une situation avantageuse aux grandes distilleries de pommes de terre.

Au point de vue politique il aurait resserré les liens de l'unité allemande; car les États de l'Allemagne du

1. D'après le rapp. de M. Guillemet, ces indemnités auraient été évaluées à 540 millions de marks, soit 675 millions de francs (*J. O.*, Doc. parlem., Chambre, année 1893, t. I, p. 2111.)

2. *Journ. des Économistes*, 5e série, t. XIII-XIV, p. 336. — V. *id.* : *L'impôt sur l'alcool dans les principaux pays*, p. 188.

Sud, Bavière, Bade et Wurtemberg, qui avaient conservé leurs droits particuliers en matière d'impôts sur les boissons, les auraient abdiqués au profit de l'Empire, dont ils seraient ainsi devenus plus dépendants.

En même temps, le Gouvernement impérial aurait eu sous ses ordres une armée de fonctionnaires et de débitants (100 000 au minimum), relevant de son autorité presque exclusive, révocables au gré de l'Administration, devenant par suite ses instruments.

Il aurait exercé en outre son influence sur les cafetiers, restaurateurs, aubergistes qui, sans appartenir au corps de fonctionnaires de l'État, auraient été soumis à l'Administration : car celle-ci devait les autoriser à vendre des spiritueux, et pouvait leur retirer l'autorisation accordée[1].

Avec de tels auxiliaires répandus sur toute la surface de l'Empire, le Gouvernement impérial aurait pu agir d'une façon efficace sur les élections et faire passer les candidats de son choix.

II

Ce qui fit naître, comme on le voit, ce projet de monopole, ce fut surtout une pensée politique. Ce fut aussi la cause principale de son échec devant le Reichstag qui d'ailleurs, recula devant l'énormité des frais de premier établissement du monopole, et devant la situation privilégiée qu'il eût faite aux grands distillateurs, aux barons de l'alcool.

Il succomba sous les coups d'une opposition coalisée de tous les partis.

1. *Journ. des Économistes, op. cit.*, p. 336.

Au nom de cette opposition, M. Eugène Richter montra, dans un discours véhément, les vices du système proposé à l'adoption du Reichstag.

« Fût-on certain, disait-il, d'encaisser les 300 millions de revenus annuels promis, et même davantage, la loi n'en serait pas moins une loi détestable. L'Empire est déjà maître du service des Postes et des Télégraphes. Lui mettre entre les mains un des commerces les plus actifs qui existent, un commerce qui exige un personnel de 100 000 agents, ce serait accroître à l'excès son influence et son pouvoir. La liberté individuelle recevait une forte atteinte, et le peu d'autonomie qui reste aux États confédérés, n'en recevait pas moins. C'est à eux, du moins on l'annonce, que le Trésor impérial verserait les recettes du monopole ; il n'en garderait rien pour lui. On achèverait ainsi de transformer les petits États, en pensionnaires, en satellites de l'Empire. C'est le but où tend M. de Bismarck depuis des années. Le jour où ce but serait atteint, l'Allemagne achèverait de devenir une grande monarchie centralisée. Les progressistes refusent de travailler à cette œuvre. C'est une raison de plus pour qu'ils repoussent le monopole[1]. »

Et plus loin, M. Richter ajoutait : « On veut assurer à 3 000 bouilleurs de pommes de terre, 50 à 60 millions de marks annuellement, c'est-à-dire une moyenne de 20 000 marks par tête. Mais quels sont ces pauvres gens qui souffrent comme on nous les représente ? Quand on dépense de pareilles sommes, il y a quelque intérêt à

1. Rapport de M. Em. Jamais, *Journ. des Contrib. Ind.* du 18 mars 1888, p. 144.

s'en rendre compte exactement. C'est M. de Kardoff qui s'est toujours montré ici le défenseur de la distillerie... or, il y a 37 distilleries dans la circonscription d'Œls-Wartenberg. Sur ces 37, 8 appartiennent au roi de Saxe, 2 au prince royal, 5 à une série de princes; ensuite le reste à M. de Kardoff lui-même et à ses tenants. Dans le district de Wartenberg, les quatre distilleries, sauf une seule, appartiennent à la famille princière de Courlande. Pour toute la Silésie, j'ai trouvé que, de haut en bas, les ditilleries appartiennent : 8 au roi de Saxe, 2 au prince royal, 2 aux familles de Meiningen et de Brunswich, 6 à des fidéicommissaires royaux, 10 à des associations, 4 à des princes, 8 à des ducs, 10 à des marquis, 76 à des comtes, dont 2 comtes de l'Empire, et 29 à des barons, dont les barons de Rothschild, de Vienne, gens classés depuis longtemps parmi les malheureux[1]. »

Finalement le projet fut repoussé le 27 mars 1886 par 181 voix contre 3.

SECTION II

EN AUTRICHE-HONGRIE[2]

En Autriche-Hongrie, on trouve deux projets de monopole des alcools ; l'un de 1886-1887, d'initiative parle-

1. Rap. de M. Guillemet sur la Réforme générale de l'impôt (*doc. parlem.*, Chambre, année 1893, t. I, p. 2111).

2. Rap. de M. Guillemet sur le monopole de l'alcool : *Jour. officiel, documents parl.* Annexes de la Chambre, année 1897. 2. I. p. 160. *Jour. des contr. Ind.*, du 29 novembre 1895, p. 581, 582, 583.

mentaire ; — l'autre de 1894, d'initiative gouvernementale.

§ 1. — *Premier projet.*

D'après le premier projet, l'État devait acheter tout l'alcool produit et le revendre aux négociants en gros, majoré du montant de l'impôt et des frais. La production devait être limitée par l'interdiction de créer de nouvelles usines, tant que les besoins de la consommation n'augmenteraient pas.

Dans l'aperçu des recettes et des dépenses du monopole, l'auteur du projet, M. Sigmund, estimait le prix d'achat à payer par l'État à 51 fr. 60 c. l'hectolitre et le prix de vente à 147 fr. 50. La majoration par l'impôt ressortait donc à 96 fr. environ.

Ce système de monopole fut repoussé par le Gouvernement qui déclara que son application serait difficile et que l'Administration serait impuissante à combattre la fraude qu'il fallait prévoir par suite de l'augmentation du prix de l'alcool. Le Cabinet fit valoir en outre que le monopole, très favorable à la grande propriété foncière qui le demandait par ses représentants, serait par contre défavorable à la petite distillerie, exploitée comme annexe des entreprises agricoles.

§ 2. — *Deuxième projet.*

Le second projet, présenté par M. De Plener, ministre des finances, en octobre 1894, avait surtout pour but l'augmentation des recettes par un accroissement des droits sur l'alcool. Le ministre faisait aussi valoir la nécessité de protéger l'hygiène contre les impuretés de l'alcool, en confiant à l'État le soin de rectifier les flegmes.

Voici comment devait être organisé le monopole :

« L'État, disait M. de Plener, prendrait, pour ainsi dire, en ses propres mains le commerce de gros de l'alcool. La production de l'alcool resterait libre comme elle l'était jusqu'à ce jour, entre les mains de l'industrie privée et des producteurs agricoles. L'État achèterait l'alcool brut aux producteurs particuliers à un prix à déterminer et tiendrait compte des réclamations justifiées des distilleries agricoles. L'alcool brut ainsi livré par l'État serait soumis à la rectification obligatoire.

« Tous les hommes de science et les hygiénistes reconnaissent aujourd'hui que rien n'est plus nuisible pour le peuple, que la consommation de l'alcool non rectifié contenant des huiles essentielles ; et quand même les besoins en alcool de la grande masse de la population conserveraient probablement la même importance par suite des habitudes et des conditions climatériques de l'Empire, le devoir du législateur, lorsqu'un impôt aussi lourd frappe cet article, est d'avoir soin que ce produit devienne une source de recettes pour l'État, mais non en même temps une source d'empoisonnement du peuple.

« C'est l'idée de politique sociale et d'hygiène qui a conduit aujourd'hui la Suisse à la rectification obligatoire, et nous désirons nous unir à cette idée lors de cette importante réforme : Qu'à l'avenir, on ne livre plus à la consommation de bouche d'autre alcool que celui qui aura été épuré.

« L'État rectifierait l'alcool brut soit dans les établissements de l'État, soit dans les établissements existants ou à créer, qui travailleraient à forfait pour le compte de l'État. Celui-ci devra trouver naturellement une compensation pour le prix d'achat des flegmes, des frais de rectification et de transport, et à ces sommes représentant les frais de production, s'ajouterait l'impôt du monopole.

« Je ne suis pas en mesure de faire aujourd'hui à la Chambre, une communication sur l'importance de l'impôt du monopole. . .

« L'alcool sera vendu aux débitants. Le débit restera libre ; mais je pense que puisque l'État, par l'impôt du monopole, veut non seulement augmenter l'impôt actuel, mais qu'il veut aussi exiger pour lui une part des bénéfices des intermédiaires de la vente au détail, il sera bon de fixer le prix de vente à la consommation, au moins des prix maximum suivant le degré alcoolique. »

Tout en reconnaissant que son projet, sans être inexécutable, serait d'une application ardue, le Ministre estimait que l'établissement du monopole aurait pour conséquence l'amélioration du budget des recettes, et donnerait à l'Administration des finances une latitude plus grande pour faire face aux nouvelles dépenses.

Mais une enquête faite auprès des distillateurs, des fabricants de liqueurs, des personnes compétentes et intéressées, donna un résultat défavorable, et M. de Bilinski, successeur de M. de Plener au Ministère des finances, annonça à la Chambre, le 24 octobre 1895, l'abandon du projet de monopole des alcools pour des raisons économiques et techniques. Le nouveau ministre se déclarait d'ailleurs personnellement adversaire du monopole ; « car, disait-il, l'État ne doit se réserver un monopole fiscal que lorsqu'il prévoit pouvoir augmenter l'impôt effectif à un point qu'il en résulte pour l'État une augmentation notable des recettes, sans porter atteinte à la production. »

SECTION III

EN ITALIE[1]

En 1893 le Ministre du trésor et des finances annonçait dans son exposé financier qu'il faisait étudier un projet de monopole des alcools.

« Ce monopole, disait-il, ne devrait pas avoir les caractères coercitifs, qui, d'ordinaire, rendent les monopoles antipathiques : il devrait tendre à tirer l'industrie de la distillation de l'état d'engourdissement où elle se trouve et à l'amener au degré de perfection que réclament son intérêt même et celui du pays ; il devrait rendre au commerce des spiritueux toute la liberté dont il a besoin : éliminer d'une manière absolue les matières qui empoisonnent à présent les boissons alcooliques, au grand détriment de la morale et de l'organisme humain : encou-

1. *Bulletin de statistique et de législation comparées*, année 1893, t. I, p. 432. Rap. de M. Guillemet : *Journ. offic., documents parl.* année 1897, t. I, p. 161. *Débats parl.*, Chambre, séance du 11 juin 1895. Disc. de M. Fleury-Ravarin.

rager et favoriser l'exportation des vins d'une manière efficace, conformément aux sains principes de l'économie publique.

« Cette réforme, sans aggraver les charges fiscales, serait la source de grands bienfaits pour l'industrie ; elle résoudrait parfaitement la question hygiénique et assurerait au Trésor une augmentation de revenus de plus de 12 300 000 francs. »

D'après le régime proposé, l'État devait concéder à une compagnie anglo-allemande un monopole d'achat, de rectification et de vente.

La compagnie concessionnaire devait importer de l'étranger 80 000 hectolitres d'alcool, ce qui devait entraîner l'expropriation des distilleries et usines de rectification, lesquelles seraient indemnisées par la Société fermière.

C'était là un résultat qui ne correspondait guère au but annoncé; amener la distillerie « au degré de perfection que réclament son intérêt et celui du pays. » Toutefois les distilleries de vin auraient continué à subsister. Mais elles devaient travailler pour le monopole et sous sa surveillance, et vendre leurs produits à la Compagnie au prix de 40 francs l'hectolitre d'alcool pur.

La Société devait livrer au commerce de gros, à des prix fixés à l'avance (300 fr. l'hectolitre) tout l'alcool destiné à la consommation. Le commerce de détail des boissons alcooliques resterait libre.

La Compagnie paierait à l'État une redevance annuelle de 400 millions, plus 200 000 francs par an à titre d'impôt sur la richesse mobilière. A partir d'un certain chiffre de vente, l'État participerait au produit brut encaissé par la Compagnie. A l'expiration de la concession, dont la durée était fixée à quinze ans, le matériel appartenant à l'État devait faire retour à la Compagnie sans indemnité.

En réalité, le but unique du monopole était un but financier. C'était un système semblable au régime russe antérieur à 1862, dont le Ministre des finances citait d'ailleurs l'exemple dans son exposé financier. Il aurait investi « les concessionnaires de droits que l'État n'aurait jamais dû céder à des particuliers » suivant la critique même faite par le Ministre au monopole russe en vigueur avant 1862.

Quoi qu'il en soit, il était stipulé que le contrat entre le Gouvernement et la Compagnie devait être approuvé par le Parlement avant le mois de juillet 1894. Cette approbation n'étant pas intervenue, le projet n'a pas eu de suite.

SECTION IV

EN BELGIQUE

Nous trouvons deux projets de monopole conçus dans un but surtout hygiénique : réduire progressivement la production et la consommation de l'alcool. Le premier est de 1896, l'autre de l'année dernière.

§ 1. — *Premier Projet*[1] :

I

« Article 1er. — Le Gouvernement seul peut produire et rectifier l'alcool. Il sera établi une usine au moins de production et de rectification par province.

Art 2. — Le Gouvernement ne pourra utiliser que des grains et des produits agricoles du pays, à concurrence de ce qui lui sera offert.

Art. 3. — La production de l'alcool non industriel est limitée à 10 litres à 50 degrés de l'alcoomètre de Gay-Lussac à la température de 15 degrés du thermomètre centigrade, par an et par habitant. Cette production sera diminuée d'année en année d'un demi-litre au moins.

Art. 4. — L'alcool non industriel sera vendu à un prix qui ne pourra être inférieur à 2 francs le litre (à 50° de l'alcoomètre Gay-Lussac à la température de 15° au thermomètre centigrade). Le prix sera augmenté chaque année d'une quotité qui ne pourra être inférieure à 0 fr. 25.

Art. 5. — Le Gouvernement devra revendre les résidus de ses distilleries dans le pays au prix de revient et en assurer le transport à un tarif qui ne pourra dépasser le tarif minimum.

Art. 6. — Le Gouvernement est autorisé à exproprier les distilleries existantes et à se procurer les ressources nécessaires pour les indemnités à payer de ce chef au moyen d'une émission de rente sur l'État à 2 1/2 °/₀ à concurrence de 70 millions.

1. *Journ. des Cont. Ind.* du 21 septembre 1896, pp. 471 et 472.

Art. 7. — L'importation de l'alcool est interdite aux particuliers. Le Gouvernement ne pourra importer des alcools non industriels que si la production de ses usines est inférieure à la production prévue par l'article 3.

Art. 8. — Celui qui fabriquera, rectifiera ou importera des alcools en violation de la présente loi sera puni d'une amende de 1 000 à 5 000 francs et d'un emprisonnement de six mois à deux ans. Il sera appliqué une peine identique à celui qui aura fait un emploi illicite ou opéré la régénération d'alcools industriels. »

II

Ce régime aurait eu les conséquences suivantes :

D'une part, l'alcool non industriel, c'est-à-dire l'alcool potable[1] vendu par l'État en 1895, à raison de 200 francs l'hectolitre à 50° ou de 400 francs à 100°, aurait été vendu 1 400 francs en 1916, le prix de vente augmentant chaque année de 0 fr. 25 par litre à 50° ou de 50 francs par hectolitre à 100° (art. 4).

D'autre part, la production et la consommation de ce même alcool étant fixées en 1896 à 10 litres à 50° par habitant, et devant diminuer de 0,50 centilitres annuellement, seraient descendues à zéro au 31 octobre 1916. Théoriquement, par là même, il n'y aurait plus eu de consommation de l'alcool à partir de 1917. Il est probable, d'ailleurs, que l'augmentation constante des prix aurait réduit la consommation de l'alcool du monopole

1. Sous le nom « d'alcool industriel », le projet entend évidemment désigner l'alcool destiné à des usages techniques ou industriels, quelle que soit la matière première mise en œuvre.

plus rapidement que ne le comportait l'article 3. Mais il est à croire qu'elle aurait surexcité en même temps la fraude, qui se serait produite sur une très large échelle, malgré les pénalités sévères de l'article 8, si bien que la consommation véritable, effective, n'aurait pas diminué, tant s'en faut, dans la même proportion que celle de l'alcool vendu par la Régie.

Ce projet, élaboré par les sénateurs MM. Picard et La Fontaine, fut proposé à la Chambre des représentants et au Sénat par le groupe socialiste. Il fut rejeté par le Gouvernement et repoussé dans l'une et l'autre Chambre par un simple vote à mains levées, sans qu'on ait eu besoin de recourir au vote par bulletin, tellement importante était dans les deux Chambres la majorité hostile au monopole. Les 70 millions d'indemnité prévus auraient été d'ailleurs insuffisants pour répondre aux réclamations des distillateurs qui tous auraient été expropriés, en vertu des articles 1 et 6 du projet.

§ 2. — *Deuxième projet*[1].

Le second projet, déposé à la Chambre il y a quelques mois, est moins radical que le premier, mais aussi plus pratique au point de vue financier : car les auteurs de ce second projet paraissent avoir voulu concilier l'intérêt hygiénique avec l'intérêt fiscal, en maintenant une consommation réduite, mais fortement taxée (art. 2 et 6 ci-après).

1. *Bulletin mensuel* de la Chambre syndicale du Commerce en gros des vins, vinaigres, spiritueux et bières, du département de la Loire-Inférieure, août 1899, p. 252.

Voici le texte :

Article premier. — Le droit de fabriquer des boissons alcooliques distillées appartient exclusivement à l'État. Sont assimilés aux boissons alcooliques distillées les liquides qui contiennent plus de 18 °/₀ d'alcool.

Art. 2. — Le droit d'importer des boissons alcooliques distillées appartient exclusivement à l'État. Toutefois, les particuliers pourront importer des liqueurs en bouteilles, fabriquées à l'étranger, à charge de payer un droit d'entrée de 5 francs par litre.

La fabrication, l'importation et la vente de la liqueur d'absinthe sont absolument interdites.

Art. 3. — Il est interdit aux particuliers de détenir des appareils pouvant servir à la fabrication des boissons alcooliques distillées, sans une autorisation préalable du Gouvernement, qui doit être renouvelée d'année en année, et qui ne peut être accordée que pour des besoins d'ordre scientifique.

La fabrication de ces appareils est soumise à des conditions spéciales qui seront réglées par un arrêté royal.

Art. 4. — Les distilleries existant à la date de la promulgation de la présente loi sont supprimées. L'État allouera aux propriétaires de ces distilleries une indemnité pour l'expropriation de leurs bâtiments et de leur matériel industriel, ainsi qu'une indemnité pour la suppression de leur industrie, qui sera calculée à raison de 7 centimes par litre d'alcool à 50° fabriqué depuis les trois dernières années, ou depuis la création de ces distilleries, si cette création ne remonte pas à trois ans.

Le Ministre des finances est autorisé à émettre des

titres de rente amortissable en 50 ans pour solder ces indemnités.

Art. 5. — Un arrêté royal déterminera chaque année la quantité d'alcool qui sera laissée à la consommation humaine, sans préjudice de l'alcool dénaturé prévu à l'article 11.

Cette quantité ne pourra dépasser 50 millions de litres pour la première année, et sera réduite de 2 millions de litres tous les ans, jusqu'à ce qu'elle ait atteint un chiffre à fixer ultérieurement par le pouvoir législatif.

Art. 6. — Le même arrêté royal déterminera le prix de vente des boissons alcooliques distillées. Ce prix sera pour la première année de la mise en exécution de la loi, de 200 francs par hectolitre d'alcool rectifié, fût non compris. Il sera élevé progressivement d'année en année, de manière que le produit de la vente reste constant, nonobstant la réduction de la quantité livrée à la consommation.

Art. 7. — La moitié au moins des matières premières nécessaires à la distillation, sera demandée par l'État à la production indigène. Ces livraisons seront mises au concours aux conditions qui seront établies par un cahier des charges spécial.

Art. 8. — Les résidus de la distillation qui peuvent être utilisés pour les besoins de l'agriculture seront livrés par l'État à l'intérieur du pays et au prix de revient.

Art. 9. — Le Gouvernement prélèvera sur le produit de la vente :

1° Les frais de fabrication ;

2° Les frais de surveillance ;

3° L'intérêt et l'amortissement du capital consacré au

paiement des indemnités prévues par l'art. 4 de la présente loi.

Le surplus sera affecté à concurrence de 30 % au fonds communal.

Art. 10. — L'État vendra les boissons alcooliques, distillées pour la consommation, par quantité de 150 litres au moins, contre paiement au comptant.

Art. 11. — L'alcool destiné aux usages industriels ou aux besoins domestiques sera livré dénaturé par les magasins de l'État, par quantité de 150 litres au moins.

Le prix de vente en sera fixé chaque année par l'arrêté royal prévu aux articles 5 et 6 de la présente loi. Il ne dépassera pas le prix de revient, net de tous frais, amortissement, etc., et augmenté de 10 % à titre de bénéfice pour l'État.

Art. 12. — Quiconque contreviendra aux dispositions de la présente loi, soit en fabriquant des boissons alcooliques distillées autres que les liqueurs mentionnées à l'art. 2, 2me alinéa, soit en fraudant les droits établis sur lesdites liqueurs, soit en donnant à des alcools dénaturés une autre destination que celle prévue par l'art. 11 de la présente loi, soit en se procurant illicitement des boissons alcooliques distillées, sera puni d'un emprisonnement de huit jours à un an et d'une amende de 100 fr. à 10 000 fr., ou d'une de ces peines seulement.

En cas de récidive, ces peines pourront être doublées.

La tentative des infractions prévues par le présent article sera punie comme l'infraction consommée.

Sera considéré comme tentative le fait d'être possesseur, en dehors du cas prévu par l'article 3 de la présente loi, d'un ou de plusieurs appareils pouvant servir à la fabrication des boissons alcooliques distillées.

Art. 13. — Un sixième des amendes perçues en application de la présente loi sera attribué à la commune où l'infraction aura été commise.

Dans le cas où l'infraction aura été constatée par des employés ou fonctionnaires de l'Administration, la répartition des cinq sixièmes des amendes, après déduction du sixième attribué à la commune, aura lieu suivant les règles établies en matière d'accise.

Art. 14. — Sont abrogées toutes les dispositions de la loi du 10 avril 1896, relatives à la fabrication et à l'importation des alcools, qui sont contraires aux dispositions de la présente loi.

Art. 15. — Le Gouvernement fixera la date de la mise en exécution de la présente loi. »

Nous ne savons si ce projet a été discuté devant la Chambre. Il parait qu'il devait être assez sérieusement appuyé lors de la discussion.

En somme tous ces projets de monopole peuvent se diviser en deux catégories : les uns ayant presque exclusivement un but fiscal comme les projets Allemand, Austro-Hongrois et Italien, les autres ayant surtout un but hygiénique comme les projets Belges.

DEUXIÈME PARTIE

DU MONOPOLE DE L'ALCOOL EN FRANCE

CHAPITRE I

Exposé de la Question.

§ 1. — *Historique*[1] *et état de la Question au point de vue législatif.*

Le 29 mars 1886[2], le Sénat français chargeait une Commission de 18 membres de procéder à une enquête sur la consommation de l'alcool en France. Au nom de

1. Sous l'ancien régime, le monopole de la vente en détail des eaux-de-vie existait en Bretagne, où il était exploité par le moyen de la ferme. D'après le bail pour 1783-1784 des Devoirs, Impôts et Billots de cette province, le fermier de l'impôt sur les eaux-de-vie devait posséder « dans l'intérieur de chaque ville, un bureau de vente des dites eaux-de-vie, sans qu'aucun particulier en puisse vendre en détail, non plus que du tafia ou guildive, rhum ou rach, sans le consentement exprès du fermier. Le dit fermier sera tenu de vendre ou de faire vendre les eaux-de-vie faites de cidre un sixième moins cher que celles de vin ».

L'acte de Société des fermiers prévoyait la formation d'un fonds commun de 1 800 000 livres pour divers frais, notamment « les achats de boissons nécessaires au commerce qu'il convient de faire pour le bien de la ferme ». *L'Impôt sur l'alcool dans les principaux pays*, par M. René Stourm, p. 8.

2. Rap. de M. Léon Say. *Journ. des Contrib. Ind.* du 15 juillet 1888, p. 378.

cette Commission, M. Claude (des Vosges), déposait, le 7 février 1887, un remarquable rapport dans lequel toutes les questions se rattachant à la consommation de l'alcool, tant au point de vue hygiénique qu'au point de vue fiscal, étaient traitées de main de maître. Il invitait « le Gouvernement et les Chambres à prendre des mesures, à porter des lois que les divers peuples considèrent aujourd'hui comme des mesures de sécurité nationale, comme des lois de salut public. »

« Le monopole de l'alcool, disait-il, en sera peut-être le terme extrême et la formule définitive. Pourquoi donc pas, si le monopole sauvegarde les intérêts vitaux qui sont en jeu? Le monopole permet seul d'atteindre le rendement théorique et absolu, le rendement sans fraude ni coulage. C'est avec les résultats d'une perception ainsi organisée que l'on pourra, suivant la formule de Pascal Duprat, affranchir complètement les boissons hygiéniques, vin, bière, cidre, en faisant payer leur rançon par l'alcool. Qui donc trouverait à redire à un semblable régime[1]? »

La Commission annexait à son rapport, à titre d'exemple, un projet de « monopole facultatif », dont l'auteur, M. Alglave, professeur de science financière à la Faculté de Droit de Paris, avait développé le programme pour la première fois le 2 juin 1880.

Le 24 juin 1887, le Sénat, après avoir entendu un discours de M. Claude, renvoyait le rapport de la Commission au Ministre des finances, et en recommandait au Gouvernement les conclusions « comme base d'une

1. Cité par M. Guillemet dans son rapport sur la Réforme générale de l'impôt. *Doc parlem.*, Chambre, année 1893, t. I, p. 2110.
« Votre commission, disait M. Claude, s'est beaucoup moins préoccupée *des restrictions à apporter à la consommation que de la qualité et de l'innocuité à imposer aux produits consommés.* »

réforme fiscale que sa connexité avec les règles de la morale et de l'hygiène publiques rend chaque jour plus urgente. »

Aussi un décret du 18 septembre 1887 instituait-il une Commission au ministère des finances « à l'effet d'étudier les réformes qu'il convient d'apporter à la législation de l'alcool et en général au régime des boissons. » Cette Commission se mettait à l'œuvre le 4 octobre 1887, tenait treize séances, et son président, M. Léon Say, présentait au ministre les 31 mai et 21 juin 1888 un rapport divisé en trois parties, dont la première traitait du monopole, la seconde de l'hygiène, la troisième de la législation de l'alcool et des vins et du tarif de l'impôt. La Commission se déclarait contraire « à l'établissement en France du monopole de la fabrication, de la rectification ou de la vente de l'alcool[1]. »

La question en resta là jusqu'au 13 mai 1891. A cette époque, M. Maujan déposait à la Chambre, au nom de 140 de ses collègues, un projet de réforme générale de l'impôt, bouleversant de fond en comble notre législation fiscale.

D'après sa proposition, le déficit provenant des dégrèvements, devait être comblé, pour la majeure partie, par le revenu (près d'un milliard) du monopole de la rectification de l'alcool par l'État[2] qui devait en outre faire cesser l'alcoolisme par une épuration rigoureuse des produits industriels[3].

1. Rapport de M. Léon Say, *Journ. des Contrib. Ind.* du 15 juillet 1888, p. 378, et du 12 août 1888, p. 434.

2. *Journ. des Contrib. Ind.* du 31 mai 1891, p. 382.

3. « L'obligation faite aux fabricants de liqueurs, disait M. Maujan, d'employer exclusivement l'alcool qui aura été soumis à une rectification absolue, atténuera les effets de l'alcoolisme devenu si funeste depuis que la consommation anti-hygiénique des alcools industriels s'est substituée à celle de l'alcool de vin. »

Le 9 juillet 1892[1], M. Guillemet, député de la Vendée, présentait sur cette dernière partie de la proposition Maujan, un rapport détaillé qu'il reproduisait deux ans plus tard, le 10 février 1894[2], en reprenant en son nom et au nom d'un grand nombre de ses collègues, le projet de réforme générale de l'impôt.

Le 14 juin il demandait à la Chambre et faisait voter l'urgence sur les dispositions de ce projet relatives au monopole de l'alcool, et leur renvoi à l'examen d'une Commission spéciale de 22 membres dont la majorité se déclarait favorable, sans réserves, à la proposition[3].

Le 28 mai 1895, dès l'ouverture de la discussion sur la réforme de l'impôt des boissons, il proclamait devant la Chambre, les vertus hygiéniques et fiscales du monopole.

Ce fut le prélude d'une lutte très vive qui s'engagea sur cette question dans les séances des 8, 11 et 13 juin 1895.

D'un côté, M. Guillemet et MM. Jaurès et Vaillant se faisaient les champions du monopole : ceux-ci préconisant le monopole complet de fabrication, de rectification. et de vente, celui-là, le monopole de rectification. De l'autre, M. Fleury-Ravarin, député du Rhône, d'abord partisan du monopole et membre de la Commission parlementaire, se déclarait l'adversaire d'un régime qu'il reconnaissait comme impraticable en France.

Pendant que ces discussions se déroulaient à la Chambre, M. Alglave, promoteur de l'idée du monopole de l'alcool, se faisait l'apôtre et le vulgarisateur de ce régime. Par

1. *Doc. part.*, Chamb., année 1893, t. I, session de 1892, p. 2185.
2. *J. O.*, année 1894, séance du 10 février, p. 212.
3. *Journ. des Contrib. Ind.* du 21 juin 1894, p. 265, du 28 juin 1894, p. 276 et du 13 juillet 1894, p. 291.

l'organe du journal *Le Temps* et par de nombreuses conférences, dans lesquelles, joignant l'exemple au précepte, il montrait les dangers des alcools supérieurs, en les inoculant à des cobayes qui ne tardaient pas à succomber, il entreprenait une longue et ardente campagne en faveur de son système de « monopole facultatif », et réussissait à le faire triompher devant l'opinion publique.

De même, à la Chambre, les partisans du monopole finissaient par obtenir gain de cause dans les séances des 2 et 6 juillet 1895.

Aussi, le « projet de loi concernant la réforme de l'impôt des boissons » voté dans son ensemble le 6 juillet 1895 contient-il trois dispositions relatives au monopole.

L'art. 13 décide que « tous les droits actuellement perçus sur les vins, bières, cidres, poirés et hydromels, sont supprimés et remplacés par : 1° une augmentation des droits sur l'alcool ;

2° la réduction à 3 p. %, etc.

3° le monopole de la rectification des alcools d'industrie.

L'art. 17 débute par ces mots : Jusqu'à l'organisation du monopole de la rectification des alcools, etc. » et l'art. 18 porte : « Une loi spéciale déterminera les conditions d'établissement et de fonctionnement du monopole de l'alcool prévu par l'art. 13 de la présente loi. »

En outre, la Chambre vota, sur la demande de M. Guillemet, la résolution suivante : « Le Gouvernement est invité à déposer dans les six mois qui suivront la promulgation de la réforme de l'impôt des boissons, un projet de loi spéciale déterminant les conditions d'établissement et de fonctionnement du monopole de l'alcool. »

Pendant que le monopole échouait devant le Sénat[1] et que la Chambre ajournait finalement dans la séance du 21 octobre 1897 la réforme de l'impôt des boissons, un décret du 27 octobre 1896[2] instituait au ministère des Finances, « en vue d'étudier la question du monopole de l'alcool, » une Commission extra-parlementaire comptant parmi ses membres MM. Alglave, Guillemet, Fleury-Ravarin, et les Drs Duclaux, Brouardel, Lancereaux, Laborde, etc, etc.

Cette Commission se réunissait pour la première fois le 18 novembre 1896[3] et, après neuf séances générales, se partageait le 19 février 1897, en deux sous-commissions : l'une d'hygiène, l'autre des voies et moyens[4]. La première terminait bientôt ses délibérations et se séparait le 6 avril 1897, après avoir approuvé à l'unanimité un lumineux rapport de M. Duclaux, des conclusions duquel il découle clairement que la sauvegarde de l'hygiène est loin d'être liée à l'établissement du monopole[5].

La seconde s'ajournait après avoir examiné les projets de MM. Alglave et Guillemet, et reçut une cinquantaine de dépositions émanant des délégués des divers groupes intéressés, et de personnes compétentes qui se déclaraient

1. La Commission sénatoriale chargée d'examiner le projet de la Chambre repoussa le monopole pour cette raison que le vote émis par la Chambre n'était qu'un vote de principe sans sanction précise, une résolution plutôt qu'une disposition législative (Rap. de M. de Verninac, *Journ. des Contrib. Ind.* du 12 mars 1896, p. 130.

2. *Journ. des Contrib. Ind.* du 7 nov. 1896, p. 577.

3. *Id.* du 21 nov. 1896, p. 620.

4. *Id.* du 28 février 1897, p. 124.

5. *Id.*, du 21 avril 1897, p. 220.

hostiles à l'institution du monopole. Elle devait se réunir de nouveau sur convocation pour entendre la lecture du rapport que M. de Verninac devait préparer en son nom[1].

Au contraire, la Commission parlementaire de vingt-deux membres instituée en juin 1897, finissait par approuver à l'unanimité un nouveau projet de M. Guillemet[2]. Ce projet reproduisait à peu près intégralement une précédente proposition de 1896[3], mais modifiait complètement ou peu s'en faut, ceux de 1892 et de 1894. En 1897[4], un rapport sur le nouveau système était présenté à la Chambre par le député de la Vendée, qui, vers la fin de 1898 en reprenait les conclusions dans une proposition de loi « tendant à établir en France le monopole de la rectification de l'alcool[5]. »

Au commencement de 1899, la Chambre chargeait une nouvelle Commission de 11 membres d'étudier la proposition de M. Guillemet[6], et enfin, en novembre dernier, celui-ci déposait un nouveau rapport au nom de la Commission[7].

La question en est là et il est probable que le monopole sera de nouveau l'objet de discussions intéressantes

1. *Journ. des Contrib. Ind.* du 21 juillet 1897, p. 350. Nous ne possédons pas le Rapport de M. de Verninac, mais il est à croire qu'il conclut contre l'établissement du monopole, conformément aux opinions émises devant la sous-commission.

2. *Id.* du 6 févr. 1897, p. 80.

3. *Doc. parlem.*, année 1896, t. II, p. 1395.

4. *Id.*, 1897, t. I, p. 140.

5. *Journ. des Contrib. Ind.* du 6 octobre 1898, p. 459 et du 7 novembre 1898, p. 514.

6. *Bulletin de la Chamb. Syndic. du commerce en gros de la Loire-Inférieure* de févr. 1899, p. 49.

7. *Id.* de nov. 1899, p. 328.

devant la Chambre au moment prochain où celle-ci reprendra l'examen de la réforme de l'impôt des boissons.

§ 2. — *Des considérations invoquées en faveur du monopole de l'alcool par ses partisans.*

Ce qui a fait surtout, ce nous semble, le succès du monopole de l'alcool devant la Chambre en 1895, et lui a permis de conquérir aussi rapidement l'opinion publique, c'est que ses partisans l'ont présenté comme une panacée universelle, comme un moyen infaillible de résoudre le problème hygiénique, financier et économique à l'ordre du jour. Voulez-vous, a-t-on dit, sauvegarder la santé publique contre l'alcoolisme, créer par une augmentation des droits sur l'alcool un excédent de recettes financières, permettant d'accomplir de nombreuses réformes fiscales, et en même temps protéger et encourager l'Agriculture et la distillerie nationales? Adressez-vous au monopole de l'alcool. Lui seul est capable de répondre aux espérances du médecin, du financier, de l'agriculteur et du producteur d'alcool. C'est un spécifique en dehors duquel il n'y a pas de salut.

Voici, en effet, comment les principaux partisans du monopole exposent leur programme.

M. Alglave résume ainsi *l'ensemble du système :*

« *Le plan général de la réforme.* — Le monopole de l'alcool donne *une garantie absolue à la santé publique, puisqu'aucun alcool n'entrera plus dans la consommation sans avoir été, au préalable, analysé et reconnu parfaite-*

ment pur. On aura toujours le moyen de s'enivrer, mais on ne s'empoisonnera plus.

« Il ne sera porté aucune atteinte à la liberté de l'industrie et l'État paiera l'alcool aux producteurs beaucoup plus cher qu'ils ne le vendent aujourd'hui[1].

« Il n'y aura par conséquent aucune indemnité d'expropriation à payer. D'un autre côté, *le prix de vente au détail sera maintenu, le même qu'aujourd'hui : 10 centimes le petit verre.* Il n'y aura donc aucune surcharge pour le consommateur, excepté pour le consommateur riche, parce que les liqueurs fines paieront une surtaxe qui ne présentera rien d'ailleurs d'arbitraire.

« Cependant, le monopole de l'alcool ainsi organisé donnera un excédent de produit net de 800 millions sur le régime actuel, sans rien coûter au consommateur, sans rien coûter à l'industrie, en diminuant beaucoup les vexations actuelles de l'impôt. Je reproduirai mes calculs que personne n'a réussi à ébranler. Je n'ai même pas escompté la diminution de la fraude, qui est certaine, grâce au moyen de contrôle scientifique dont disposerait le monopole et que le régime actuel ne peut pas comporter.

« Avec ces 800 millions, on supprimerait immédiatement les octrois, et tous les impôts sur les boissons hygiéniques : le vin, le cidre et la bière, puis le principal de l'impôt foncier des terres cultivées par leurs propriétaires. Enfin, on supprimerait complètement l'impôt sur les transports par grande vitesse, ce qui amènerait

1. Dans une autre édition de la même époque, M. Alglave ajoute que le monopole, tel qu'il le propose, conserverait également « la liberté professionnelle des cabaretiers menacés aujourd'hui par tous les systèmes qui s'intitulent libéraux. »

une énorme diminution du prix des 3es classes en chemin de fer, une diminution de plus de moitié sur l'ancien prix.

« Voilà, conclut M. Alglave, le programme que j'ai développé pour la première fois, il y a seize ans, le 2 juin 1880, en le résumant au point de vue politique dans cette formule : *Le paysan ne payant plus à l'État que deux impôts entièrement volontaires, celui de l'alcool et celui du tabac.*»

Le programme de M. Guillemet n'est pas moins merveilleux :

« Le monopole de la rectification, dit l'honorable député, peut seul diminuer l'alcoolisme... De tous les systèmes que nous venons d'examiner, un seul a paru à votre Commission devoir donner des résultats, c'est le monopole de la rectification de l'alcool. Il permet de supprimer totalement l'un des facteurs de l'alcoolisme, la mauvaise qualité, et, d'autre part, il met tout l'alcool entre les mains de l'État, qui dès lors peut à son gré limiter, comme il l'entend, la consommation. »

« De plus, tout en sauvegardant la santé publique, tout en modérant la consommation, nous pouvons faire du monopole un merveilleux organe de réforme fiscale[1].

« Au point de vue fiscal, le monopole produirait 700 à 800 millions qui seraient employés à la suppression des droits sur les boissons hygiéniques, à la suppression de l'impôt des portes et fenêtres, à la diminution de l'impôt foncier, à la suppression des timbres de quittance, à la réforme de la taxe militaire. Peut-être le monopole pourrait-il faciliter aussi la réforme des octrois et permettre

1. *Doc. parlem.*, Chamb., année 1897, t. I, p. 163.

la réalisation de certaines réformes sociales attendues depuis longtemps[1] ».

A ce dernier point de vue, M. Guillemet propose d'employer de préférence tous les produits du monopole, après prélèvement toutefois de 5 °/₀ des recettes pour la lutte contre l'alcoolisme, *à la création d'une caisse nationale de retraite pour les vieux travailleurs de l'industrie, du commerce et de l'agriculture*[2].

C'est là, soit dit en passant, une conception peu banale : l'alcoolisme des jeunes faisant vivre les vieux travailleurs, et chaque verre d'alcool alimentant une caisse de retraite nationale !

Il est à noter d'ailleurs que le promoteur *du monopole de la rectification de l'alcool* poursuit, comme il l'annonce, *plutôt l'amélioration de la qualité que la diminution de la quantité*, car, dit-il, *nous n'avons trouvé pour diminuer la quantité aucun système pratique*[3].

Jamais, ajoute-t-il, l'augmentation des droits n'a réduit la consommation, et, comme au fond, il craint que celle-ci ne vienne à fléchir sous le faix de la surcharge fiscale, il s'empresse d'alléguer que le prix du petit verre restera à dix centimes et partant que *le consommateur ne paiera pas un centime de plus*[4].

La consommation restant la même, le monopole pourra dès lors remplir et sa fonction fiscale, et sa fonction agronomique et industrielle.

En effet, le système de M. Guillemet n'est pas seule-

1. *Doc. parlem.*, Chamb., année 1897, t. I, p. 140.
2. Art. additionnel à la proposition de loi de 1898 (*Journ. des Cont. Ind.* du 27 octobre 1898, p. 499.
3. *Doc. parl.*, Chamb., année 1897, t. I, p. 168.
4. *Id.*, p. 164 et 166.

ment destiné à servir l'hygiène et le Trésor, mais encore l'agriculture et l'industrie.

« Non seulement, dit le député de la Vendée, nous entendons ne pas toucher à la liberté de la fabrication, mais à côté du but hygiénique et du but fiscal que nous poursuivons, nous désirons faire servir le projet au développement de l'agriculture. Nous voulons favoriser la création, assurer le développement de ces distilleries agricoles qui font la prospérité de nos campagnes du Nord et du Nord-ouest[1]. »

De leur côté, les partisans du monopole intégral font de tout aussi belles promesses que les auteurs du *monopole facultatif* et du *monopole de rectification*.

C'est ainsi que M. Charles Dupuy, ancien Président du Conseil, et jadis partisan du monopole complet, déclarait : « *La logique, l'intérêt de nos finances, la certitude des dégrèvements, les exigences de l'hygiène, tout, en un mot, nous conduit au monopole*[2]. »

De même, MM. Jaurès et Vaillant proclamaient, dans les séances de la Chambre des 8 et 11 juin, et du 1er juillet 1895, que le monopole est le vrai moyen de faire aboutir la réforme de l'impôt des boissons, le seul système capable de fournir des ressources assez importantes pour qu'on puisse supprimer les droits sur les boissons hygiéniques sans creuser un déficit dans le budget. C'est, suivant eux, une mesure destinée à *couper court à l'empoisonnement de notre race*[3], et à protéger indirectement la viticulture nationale[4].

1. *Doc. parlem.*, Chamb., année 1897, t. I, p. 164.
2. *Journ. des Contrib. Ind.* du 5 sept. 1897, p. 452.
3. Séance du 8 juin 1895, discours de M. Jaurès.
4. Séance du 1er juillet 1895, discours de M. Vaillant.

En un mot, les promoteurs du monopole poursuivent souvent un triple but : un but hygiénique par l'amélioration de la qualité des spiritueux, un but fiscal, et un but agronomique et industriel.

§ 3. — *Du « Monopole facultatif » de M. Alglave.*

Des trois systèmes préconisés au nom des intérêts de l'agriculture et de l'industrie, et surtout des intérêts du Trésor et de l'hygiène, il n'en est pas qui soit aussi connu en France que celui de M. Alglave. Son ancienneté, sa propagation par la plume et par la parole dans la presse et dans des conférences nombreuses, ses apparences particulièrement séduisantes, son originalité, lui ont valu une popularité sans égale. Il n'est personne qui se soit occupé de la question du monopole, qui ne connaisse la *bouteille fiscale*, décorée malignement du nom de *bouteille magique*, *bouteille* qu'on peut considérer comme le pivot de la combinaison.

Sous le régime du « *monopole facultatif*[1] » l'industrie serait libre et protégée. Les producteurs d'alcool continueraient à travailler aussi librement qu'aujourd'hui et dans les mêmes conditions de surveillance. L'État leur offrirait seulement de leur acheter les quantités d'alcool dont il aurait besoin, et il s'engagerait à n'en jamais acheter à l'Étranger, ce qui donne déjà un sérieux avantage aux producteurs français. Cet achat de l'État se ferait à un prix minimum fixé par la loi, de 38 à 40 francs

1. Article du journal *Le Temps*, 1895 et 1896 (*Journ. des Contrib. Ind.* du 21 août 1895 et du 13 octobre 1896).

l'hectolitre par exemple pour les alcools bruts et plus cher pour les alcools rectifiés. Le prix moyen ne dépassait pas 50 francs par hectolitre.

Le producteur qui le préférera pourra donc toujours réserver son alcool soit à l'industrie des liqueurs fines, qui reste libre sous la surveillance hygiénique de la Régie, soit à l'exportation. Mais, comme l'État paiera plus cher (environ 25 p. °/₀ de plus que les cours actuels), chacun voudra naturellement lui vendre, et, pour éviter tout arbitraire, l'État répartira ses commandes entre tous les producteurs proportionnellement à leur production constatée l'année précédente.

Afin de relever les distilleries agricoles — si importantes pour l'élève du bétail et protégées dans tous les autres pays, — l'État leur réserverait une quotité déterminée (1/10e par ex.) de ses commandes ; il pourrait réserver une quotité semblable (1/10e également) aux bouilleurs de cru, comme compensation des bénéfices qu'ils retirent aujourd'hui de leur privilège, lequel serait supprimé.

Après avoir pris livraison des alcools, l'État les rectifierait complètement, *comme on peut le faire aujourd'hui*, de manière *à les rendre aussi purs et aussi inoffensifs que possible*. Pour cela, il suffirait d'établir deux ou trois usines de rectification ; celles-ci ne coûteraient pas plus de 2 ou 3 millions chacune, — ce qui constitue la seule dépense de mise en train qu'exige le système, — et, d'autre part, les frais de la rectification faite en grand ne dépasseraient pas 4 à 5 fr. par hectol.

Après rectification, l'alcool serait étendu d'eau et aromatisé comme on le fait aujourd'hui pour le transformer dans les trois ou quatre liqueurs communes qui constituent au moins les 4/5es de la consommation. Mais, la Régie n'emploierait que *des bouquets de cognac, de rhum, etc., inoffensifs*, tandis qu'aujourd'hui l'aromatisation s'effectue trop souvent au moyen de bouquets toxiques. Cette opération très simple n'exigera ni grand travail ni grands locaux.

Les liqueurs une fois préparées, la Régie les met dans des bouteilles d'un litre, bouteilles fiscales qui représentent la quittance de l'impôt. Ce sont ces bouteilles qui seules, sont envoyées chez les particuliers et chez les débitants. L'alcool ne peut donc plus circuler qu'en petites fractions qui divisent la fraude et la rendent peu lucrative. Au lieu de frauder un tonneau à la fois comme aujourd'hui, on ne peut plus frauder qu'un litre. De ce seul fait, les bénéfices de la fraude sont tellement diminués qu'elle devient un métier fort peu lucratif, et les contrôles que le monopole comporte rendront d'ailleurs sa répression presque infaillible, sans recherches vexatoires pour personne.

Ces bouteilles, constituent ainsi l'application *du principe de la division de la fraude.*

Si les bouteilles une fois vidées ne pouvaient plus être remplies, il y aurait là une garantie complète. Mais il suffit que le remplissage frauduleux soit difficile et long, qu'il exige, par exemple, une machine spéciale, comme une machine pneumatique. On ne pourra pas se donner tant de peine pour une *fraude de 3 fr.*, d'autant plus qu'elle a toute chance encore d'être découverte bientôt après.

Entre les manufactures de l'État et les débitants chargés de vendre les eaux-de-vie du monopole, il est utile de placer un intermédiaire. Ce rôle serait rempli par un commerçant en gros, choisi pour trois ans par voie d'adjudication au rabais pour chaque commune ou pour chaque groupe de commune. Le négociant adjudicataire recevrait les bouteilles des usines de l'État et les expédierait aux cabaretiers au fur et à mesure des demandes. Il pourrait être autorisé à se servir des débitants de tabac comme entrepositaires secondaires plus rapprochés du consommateur.

Les cabaretiers restent parfaitement libres, et ils peuvent tenir des liqueurs fines qu'ils vendent le prix qu'ils veulent. Mais ils ne peuvent plus détenir de spiritueux qu'en bouteilles fiscales d'un litre, d'où l'alcool passe directement dans le verre du consommateur et sous ses yeux. De plus, ils doivent aussi tenir des eaux-de-vie du monopole de l'État, et les vendre au prix tarifé, c'est-à-dire 10 centimes le petit verre ou à 4 fr. le litre pour l'eau-de-vie à 40° et des petits verres de 40 au litre. Ils reçoivent pour leur travail une remise de 20 p. %, c'est-à-dire de 80 centimes par litre L'État leur donne en outre un avantage très précieux : le crédit gratuit complet, car ils ne paient qu'après avoir vendu et ils ne doivent vendre qu'au comptant.

Naturellement les particuliers ne jouissent pas de cette remise de 20 p. % ni du crédit accordé aux commerçants. Ils doivent payer en achetant. Mais les épiciers qui vendent aux particuliers auraient une remise de 8 ou 10 p. % et jouiraient aussi du crédit gratuit.

Comme c'est chez les cabaretiers et débitants de tous genres que se consomment les 9/10° des liqueurs alcooliques, il importe de les surveiller avec soin.

Avec le monopole, cette surveillance sera facile et ne présentera aucune vexation.

En effet, le nombre des bouteilles qu'a reçues chaque débitant est connu par les registres de l'entreposeur qui le fournit. Aussi, en arrivant chez le débitant, l'employé de Régie chargé du contrôle, se borne à lui dire : vous avez reçu deux cents bouteilles à crédit, montrez-les moi vides ou pleines. Pour celles qui sont vides vous en devez le contenu à raison de 4 fr. par litre, et comme l'État vous fait une remise de 80 centimes, vous devez payer 3 fr. 20 c. Les bouteilles vides devant être restituées à l'État, pour ne pas servir à la fraude, sont alors remises dans les paniers d'envoi, qui sont cachetés pour les rendre indisponibles et le négociant entreposeur les reprendra à sa prochaine tournée.

Si le cabaretier dit qu'il a cassé quelque bouteille, l'employé de la Régie lui réclamera le col métallique; car, le col de la bouteille fiscale est en métal, précisément en vue du cas où la bouteille viendrait à casser. Le cabaretier présente-t-il le col métallique, l'employé lui compte simplement 20 centimes pour la bouteille brisée. Le cabaretier prétend-il qu'il a perdu aussi le col métallique, on lui répondra : c'est comme si vous aviez perdu la bouteille pleine. Il faut alors payer.

Reste à parler des eaux-de-vie naturelles de cognac, d'armagnac, et des liqueurs fines de tous genres : curaçao, anisette, chartreuse, bénédictine, etc. Ces eaux-de-vie et liqueurs de marque restent en dehors du monopole, qui se contente de les soumettre au contrôle hygiénique.

A toute personne qui prétend fabriquer ou produire

une liqueur supérieure à celles de la Régie, l'État dira seulement ceci :

« Je vous crois sur parole ; laissez-moi seulement vérifier si cette liqueur supérieure n'est pas toxique. » Cette vérification sera même superflue dans presque tous les cas parce que *la liqueur aura été fabriquée avec de l'alcool vendu par l'État ou déjà analysé par lui.* Le contrôle effectué, l'État donne sa bouteille fiscale vide moyennant le même prix qu'il la vendrait pleine d'eau-de-vie commune. En ce faisant, il infligerait à ces liqueurs supérieures une surtaxe d'environ 40 centimes représentant la valeur brute de l'eau-de-vie commune. Mais tous ces spiritueux pourraient désormais voyager partout sans rien craindre, puisque la bouteille fiscale qui les enveloppe constitue la quittance de l'impôt visible pour tout le monde. Ils pourraient se vendre en gros et en détail au prix qu'on voudrait.

Tel est, dans ses grandes lignes, le système de M. Alglave. On peut le résumer d'un mot en disant que c'est *un monopole de rectification des alcools d'industrie et de fabrication des liqueurs communes, avec vente en gros et en détail.* Mais c'est un monopole facultatif en ce sens que « *nul n'est tenu de vendre à l'État les alcools ou liqueurs alcooliques qu'il a produits ou achetés, que nul n'est tenu non plus d'acheter ni de consommer les liqueurs alcooliques provenant du monopole facultatif de l'État par exclusion des liqueurs provenant du commerce libre* (art. 9 et 10 du projet de loi). »

Reste à savoir si cette liberté est bien réelle, ou si, au contraire, le *monopole facultatif* n'est pas au fond un monopole absolu.

§ 4. — *Le monopole de la rectification de l'alcool de M. Guillemet.*

Le système de M. Guillemet occupe devant le Parlement la même place que celui de M. Alglave devant l'opinion publique.

Ce système a, depuis son début, subi des modifications importantes, comme nous l'avons dit déjà, si bien que le nouveau projet qu'il a présenté en 1897 diffère complètement de ses deux premiers projets de 1892 et de 1894. Il est à croire que cette troisième édition est l'expression dernière de sa pensée.

Voici cette proposition dans ses grandes lignes :

Elle établit une distinction entre les alcools d'industrie d'une part, et les eaux-de-vie naturelles d'autre part.

I. — *Alcools d'industrie.* — Le monopole laisse en dehors de son action la production des flegmes, et par suite, les distillateurs restent libres dans les mêmes conditions de surveillance qu'aujourd'hui. Mais l'État se réserve exclusivement la rectification dans l'intérêt de la santé publique, et par suite, les producteurs doivent livrer à l'Administration toutes les quantités destinées à être consommées en France. Ce n'est pas pour eux une faculté plus ou moins apparente comme dans le projet de M. Alglave, c'est une obligation légale, sanctionnée par des peines sévères.

L'État, après avoir emmagasiné les alcools d'industrie, en devient aussi l'unique vendeur. Par suite, le monopole englobe à la fois l'achat, la rectification et la vente de tous les alcools d'industrie nécessaires aux besoins de la consommation intérieure.

Ce qui caractérise particulièrement le système, c'est que l'État n'opère pas la rectification dans des usines lui appartenant. M. Guillemet en donne cette raison intéressante qu'il y a « *en France des industriels qui rectifient d'une façon tout à fait satisfaisante.* » et que par suite « *l'État pourrait leur confier la rectification par voie d'adjudication publique, comme la Guerre le fait pour les biscuits, par exemple. C'est, dit-il, le système employé en Russie, et il donne toute satisfaction au Gouvernement*[1]. »

Ce n'est pas d'ailleurs le seul emprunt que le Député de la Vendée a fait au régime russe. C'est ainsi, par exemple, qu'en ce qui concerne le mode d'achat des alcools, l'État français, comme l'État russe, achèterait les deux

1. Dans son premier projet de 1892, M. Guillemet était d'un avis tout à fait différent. « L'industrie libre, disait-il, est absolument impuissante à assurer la rectification... Le rectificateur ne pourrait assurer l'unité de rectification, et nous donner des produits toujours identiques à eux-mêmes, rectifiés avec les mêmes méthodes et les mêmes appareils de façon que les agents des Contributions Indirectes puissent les reconnaître facilement. L'Etat ne peut être certain de la rectification qu'en rectifiant lui-même. A cette condition aussi il assurerait ses perceptions et ses vérifications.

Le changement d'opinion de M. Guillemet est intéressant à noter. En effet, si l'industrie privée est capable de rectifier convenablement, à quoi sert-il d'instituer un monopole ? L'hygiène n'y trouvera aucune garantie qu'on ne puisse lui donner en fixant simplement un minimum de pureté auquel les alcools devraient satisfaire avant leur sortie de l'établissement producteur. Quant au fisc, on ne voit guère ce qu'il gagnera à ce que l'État se rende acquéreur des flegmes pour les revendre au commerce après rectification. Ce n'est pas cela qui empêchera les distillations clandestines. La fraude, au contraire, trouvera, dans l'élévation d'impôt que comporte le système de M. Guillemet, un stimulant énergique.

tiers des quantités *dont il aurait besoin de gré à gré, et l'autre tiers par voie d'adjudication*, et répartirait ses commandes entre tous les producteurs d'alcool *proportionnellement à leur production pendant les trois dernières campagnes.*

A part ces quelques emprunts faits au système russe, cette première partie du projet de M. Guillemet, relative à l'achat des alcools industriels, n'est que la reproduction des dispositions du monopole facultatif.

Au contraire, il existe une différence sensible entre le mode de vente préconisé par M. Guillemet, et celui du système de M. Alglave, et à fortiori du régime russe.

En effet, au lieu d'entrer directement en relation avec le consommateur, en lui livrant par l'intermediaire de débitants, rémunérés par lui, *des boissons alcooliques*, l'État français vendrait seulement comme la Confédération helvétique, des trois-six rectifiés, c'est-à-dire la *matière première* destinée à la fabrication des eaux-de-vie et liqueurs. « L'État, explique l'exposé des motifs, ne peut se faire liquoriste. La fabrication des liqueurs est une industrie très complexe qui nécessite un outillage important, et des connaissances particulières. Chaque industriel a ses recettes, ses formules qui font la réputation de sa maison. »

C'est donc aux commerçants et fabricants de liqueurs qu'il appartiendra de transformer en boissons aromatisées l'alcool rectifié qu'ils auront acheté à la Régie. Mais, comme « une liqueur peut être fabriquée avec un alcool parfaitement pur, et être nuisible par ses substances aromatiques », la Régie exercera une surveillance sur l'emploi des aromates qui servent à la fabrication, et s'opposera au mélange des substances nuisibles, désignées par un règlement d'administration publique, après avis de l'Académie de médecine. En outre, le débitant ne pourra livrer qu'en bouteilles ne pouvant se remplir et, agréées par l'Administration, disposition qui a pour but, comme la précédente, d'éviter que le détaillant n'introduise dans le liquide alcoolique ces abominables bouquets, si souvent recherchés des buveurs, mais qui constituent le plus grand danger au point de vue de l'alcoolisme. Les alcools ou liqueurs en fûts seront mis en bouteilles en présence des agents des Contributions indirectes, qui apposeront les vignettes et le visa de l'État.

II. — *Régime des eaux-de-vie naturelles*[1]. — Les eaux-de-vie de vin, de cidre, de marc, de lie et de fruits ne sont pas soumises au monopole, et partant les producteurs de ces eaux-de-vie, bouilleurs de profession ou bouilleurs de cru, peuvent les vendre à qui il leur plaît, en concurrence avec les alcools de l'État. Bien plus, ces eaux-de-vie sont favorisées par rapport aux spiritueux du monopole. Car elles ne sont frappées que d'un droit de 400 fr.,

1. D'après le projet de 1892, *Docum. parlem.*, année 1893, t. I, p. 2114, la distillation des eaux-de-vie naturelles devait s'opérer exclusivement dans les brûleries établies aux frais et par les soins de l'État. Les bouilleurs auraient amené leurs matières aux usines de l'État, qui eût distillé sous leurs yeux.

Outre les frais d'établissement (8 millions),sans compter le rachat des alambics), et de fonctionnement des usines de distillation, ce système eût été impraticable; on ne voit pas comment on aurait forcé les habitants des campagnes à apporter aux chefs-lieux de cantons, leur vin, leur cidre et leurs fruits, représentant un volume considérable, pour ramener ultérieurement le lot d'eau-de-vie qui en eût été extrait. Comment se seraient-ils soumis aux frais, aux embarras qu'eussent occasionnés de tels transports?

tandis que les alcools d'industrie sont vendus 500 fr. et frappés en réalité d'un droit de 450 fr., l'alcool coûtant 50 fr. à l'État. Par là-même, elles jouieraient d'une prime de 50 fr. par hectol. C'est là un point qui rapproche le système de M. Guillemet du régime helvétique, et qui le distingue, au contraire, sensiblement du monopole de M. Alglave, qui soumet à une surtaxe de 40 fr. par hectol. à 40° les eaux-de-vie restant en dehors du monopole.

Mais, d'un autre côté, la production des bouilleurs de vin ou de fruits serait soumise à la surveillance permanente des agents de la Régie, autant dans l'intérêt de l'hygiène que dans l'intérêt du Trésor. Elle devrait se faire sous le contrôle de l'Administration des Contributions indirectes, dans des appareils agréés et poinçonnés par cette administration et moyennant l'accomplissement des formalités prescrites. Les alambics défectueux seraient prohibés.

En résumé, on peut dire du monopole Guillemet qu'il est un monopole de droit, comprenant la rectification et la vente des trois-six d'industrie.

§ 5. — *Du monopole complet de fabrication, de rectification et de vente.*

Ce système, exposé par M. Vaillant dans les séances de la Chambre des 11 juin et 1er juillet 1895, a le mérite de la franchise. Avec lui, pas d'hésitation, pas de sous-entendu, pas de réticence; on sait nettement où l'on va. Mais le monopole complet paraît verser dans le collectivisme, tandis qu'avec le monopole de vente ou de rectification, l'empiètement de l'État est réduit au minimum. Il n'est pas douteux que cette circonstance a contribué en grande partie à le faire repousser par la Chambre le 1er juillet 1895.

Autant qu'on peut en juger par les explications fournies à la Chambre par M. Vaillant, le monopole complet pourrait être organisé de la façon suivante :

Ou bien l'État produirait l'alcool dans ses propres usines comme il le fait pour les cigares et cigarettes, ou bien il le ferait produire pour son compte dans les établissements particuliers, comme cela se pratique en Suisse. Suivant M. Vaillant, ce dernier système serait préférable à la production directe par l'État, car il serait d'un établissement plus facile et moins coûteux. C'est ainsi que l'État fabriquerait les alcools industriels.

A la campagne, les bouilleurs de cru pourraient organiser la production collective. Ils pourraient fabriquer avec un alambic commun perfectionné. L'État et la Commune devraient favoriser l'association des petits producteurs en vue de cette fabrication collective, et là où celle-ci ne pourrait être organisée par les bouilleurs, la Commune devrait le faire à leur place.

Ainsi, le monopole préconisé par M. Vaillant est non seulement un monopole de fabrication des *alcools d'industrie*, mais encore un monopole de production des eaux-de-vie naturelles. Bien que M. Vaillant ne le dise pas expressément, le corollaire tout naturel de ce monopole de fabrication serait un monopole de vente en gros et en détail.

CHAPITRE II

Critique.

§ 1. — *Le Monopole et l'Hygiène.*

I

L'intérêt hygiénique a été pour l'idée du monopole un des meilleurs instruments de propagande. C'est là, en effet, une considération de nature à agir puissamment sur les esprits. Elle s'adresse à tout le monde, aux personnes tempérantes aussi bien qu'à celles qui ne dédaignent pas le petit verre ou l'apéritif. Les uns ont été touchés par le côté patriotique et humanitaire de la question, les autres, par un mobile plus puissant encore, le souci de leur propre santé. Le consommateur a été ravi d'apprendre que sous le régime bienfaisant du monopole, il pourrait satisfaire son goût tout à son aise et absorber impunément les alcools inoffensifs que l'État mettrait à sa disposition.

Pour faire pénétrer dans l'esprit public cette douce conviction, les promoteurs du monopole posent en principe que l'alcoolisme provient moins de la quantité que des impuretés des spiritueux consommés, soit que ces impuretés proviennent d'une rectification insuffisante de la matière première, des flegmes, soit qu'elles résultent de l'addition d'essences dangereuses ou de bouquets nocifs. Suivant eux, en un mot, ce ne serait pas la quantité, mais la mauvaise qualité des boissons alcooliques qui serait la cause véritable du fléau.

Grâce au monopole, il n'entrera plus dans la consommation que des spiritueux inoffensifs, qui pourront être absorbés sans crainte, ce qui enrichira le Trésor sans appauvrir la race.

II

Il est certain qu'il serait agréable que le problème de l'alcoolisme fût aussi simple et qu'il fût possible de le résoudre, tout en augmentant les ressources que le budget tire de l'alcool.

Malheureusement la question est beaucoup plus compliquée que ne le croient les partisans du monopole. La vérité c'est qu'il existe une antinomie irréductible entre les exigences hygiéniques et les nécessités fiscales.

En effet, le consommateur ne recherche ou n'accepte l'alcool qu'accompagné de quelques-unes de ces impuretés qui lui donnent son goût, son parfum ou son cachet. Par conséquent, si en rectifiant l'alcool on le rend plus inoffensif, on lui enlève, d'un autre côté, sa clientèle. C'est ce que MM. Alglave et Guillemet reconnaissent eux-mêmes.

« L'acheteur, dit M. Alglave, préfère souvent l'alcool toxique parce qu'il est plus violent, grise plus vite et gratte davantage le palais. »

« De plus en plus, remarque à son tour M. Guillemet, on livre les alcools sortant simplement des distilleries, parce que le consommateur les préfère non rectifiés et que la rectification devient une opération non seulement inutile au point de vue du bénéfice de l'industriel, mais dangereuse pour la vente[1]. » Il est vrai d'ailleurs, que l'honorable député exagère dans l'intérêt du monopole, car il est certain qu'un Français qui n'est pas alcoolique a le goût plus délicat qu'un Cosaque ou qu'un Soleurois et qu'il se refuserait à consommer une eau-de-vie de pommes de terre ou de betteraves non rectifiée.

Le buveur ne recherchant l'eau-de-vie qu'à raison de son arome, on ne voit point comment l'État français pourrait maintenir la consommation, tout en ne donnant au public que de l'alcool purifié et par là-même peu agréable à boire. Il serait bientôt amené à imiter l'exemple de la Confédération helvétique, c'est-à-dire à remettre dans l'alcool un bouquet d'impuretés, sacrifiant ainsi l'intérêt de l'hygiène à celui du fisc.

On comprend si bien la nécessité de donner à l'alcool le bouquet qui plaît au public qu'on nous dit que l'alcool rectifié sera de nouveau aromatisé avec des bouquets de cognac, de rhum, etc., soit par l'État lui-même (système Alglave), soit par le commerçant (système Guillemet). On prétend, il est vrai, que l'aromatisation se fera désormais avec des bouquets inoffensifs.

Par malheur, il n'existe « aucune substance qui soit agréable au goût, capable de donner à l'alcool pur une des saveurs réclamées par le consommateur, et qui ne soit pas en même temps une substance dangereuse pour qui la consomme habituellement[2]. » Par conséquent le mieux serait de proscrire toutes ces boissons à bouquets

1. *Documents parl.* Rapport de M. Guillemet, année 1897, t. I, p. 166.
2. Rapport présenté au nom de la sous-commission de l'hygiène à la commission extra-parlementaire du monopole de l'alcool, par M. Duclaux, membre de l'Institut et de l'Académie de médecine (*Journ. des Contr. Ind.* du 12 novembre 1898, p. 528).

ou à essences si dangereuses pour l'hygiène : absinthes, bitters, vermouths, apéritifs, etc., etc.

Mais les partisans du monopole qui prétendent poursuivre avant tout un but hygiénique, renoncent à faire ces interdictions sanitaires par excellence. Ils sentent bien, en effet, qu'ils sacrifieraient ainsi les intérêts du fisc à ceux de l'hygiène, ce qui ne rentre nullement dans leurs vues.

III

D'ailleurs, il n'est nullement nécessaire[1] de recourir au monopole pour protéger la santé publique contre la mauvaise qualité des spiritueux.

Pour empêcher la mise en circulation d'alcools non rectifiés, il suffit d'établir un contrôle hygiénique aux lieux mêmes de la production, et de ne laisser sortir des distilleries que les alcools reconnus conformes à un type de pureté fixé par le Gouvernement. En outre, afin de protéger le consommateur contre ces boissons à base d'alcool si nuisibles par leurs essences, il suffit de charger les agents locaux investis de la police des denrées alimentaires et les employés des Contributions indirectes d'effectuer chez les liquoristes, les commerçants et surtout les détaillants, les prélèvements nécessaires pour le contrôle des liqueurs.

Les distillateurs, liquoristes et marchands, convaincus d'avoir mis en vente sciemment des spiritueux reconnus

1. Si tous les produits suspects à l'hygiène devaient traverser le monopole de l'État pour y recevoir un brevet de pureté, on devrait monopoliser le vin, le vinaigre, la bière, les conserves, le beurre et bien d'autres denrées alimentaires qui sont trop souvent sophistiqués. Une telle solution ne peut même pas se discuter; mais alors pourquoi réserver à l'alcool le privilège d'une épuration officielle par l'État?

dangereux pour la santé publique seraient frappés des peines édictées par les lois du 27 mars 1851 et du 5 mai 1855.

Ces moyens seraient tout aussi efficaces et certainement moins coûteux que le monopole, dans lequel l'État vérifierait la qualité de ses produits, et exercerait sur lui-même le contrôle, et qui entraînerait pour lui les charges et les difficultés d'un commerce et d'une industrie compliqués.

IV

A la vérité, l'amélioration de la qualité des spiritueux ne fera pas cesser l'alcoolisme; car, le fléau provient surtout[1], contrairement à ce que pensent les partisans du monopole, de l'abus de l'alcool. Il importe donc, avant tout, de diminuer les quantités consommées. Or, il est évident qu'un monopole fiscal ne saurait avoir pour but de restreindre le plus possible le nombre des buveurs. Il ne peut songer qu'à l'augmenter et cela, par la force des choses et malgré toute législation.

Serait-il franchement restrictif, comme on le propose en Belgique, il ne pourrait arriver à abaisser la consommation qu'à la condition de mettre sous la main de l'État la production de tous les alcools. Or, en France, où l'on rencontre, pour ainsi dire, à chaque pas, la matière première de l'alcool, cette condition est irréalisable.

1. En réalité l'action nocive des impuretés naturelles de l'alcool est inférieure à celle de l'alcool qui leur sert d'excipient. C'est ainsi par exemple, que, pour absorber dans un rhum la quantité de furfurol capable de le tuer par injection dans les veines, un consommateur devrait boire un demi mètre-cube de liquide; il serait mort par l'alcool longtemps avant de l'être par le furfurol consommé (Rap. de M. Duclaux : *Journ. des Contr. Indir.* du 12 novembre 1898, p. 528).

§ 2. — *Le Monopole et le Trésor.*

Le second argument mis en avant par les partisans du monopole est l'argument fiscal. On fait briller devant les yeux du public, qui 800 millions, qui un milliard, et la perspective attrayante des dégrèvements qu'il serait possible de réaliser, grâce à cet impôt énorme prélevé sur le vice.

Reste à savoir si le monopole est susceptible de tenir ses promesses ou si nous sommes au contraire en présence d'un mirage trompeur.

Nous sommes d'avis que, si du domaine du rêve, l'on descend dans celui de la réalité pratique, et que si l'on cherche à se rendre compte de ce que produirait le monopole, on aboutit à des conclusions différant singulièrement de celles qu'on nous annonce.

I

Tout d'abord, en effet, l'État devrait payer des indemnités d'expropriation considérables.

Dans son rapport de 1888[1], M. Léon Say s'explique ainsi sur la question des indemnités dont le paiement incomberait à l'État du fait de l'institution du monopole.

« Si le monopole de la distillation et de la rectification « des alcools d'industrie avait pour corollaire, ce qui serait « naturel, celui de la vente en gros de cette espèce d'alcool, « il faudrait exproprier des millions de producteurs et de

1. *Journ. des Contrib. Ind.* du 12 août 1888.

« commerçants. La Commission n'a pas voulu faire et « n'a pas fait d'enquête sur la dépense qui résulterait « de l'expropriation des usines grandes et petites de « distillation et de rectification et des magasins du « commerce en gros. Elle a craint de surexciter l'esprit « de spéculation des innombrables intéressés qui se croi- « raient un droit à être rachetés. Deux membres de la « Commission ont produit des chiffres, mais il n'a pas été « possible d'en contrôler les éléments. Toutes réserves « faites sur les calculs de nos collègues, il n'en reste pas « moins acquis que les expropriations dont il s'agit don- « neraient lieu à des remboursements et à des indem- « nités dont la valeur serait colossale.

« Il y a, disent-ils, en France, 26 000 marchands en « gros, ayant en moyenne pour 30 000 fr. de marchan- « dises en magasin, ce qui donne pour la valeur de leurs « marchandises 780 millions de francs. Mais cette somme « devrait être augmentée de tout ce qu'il faudrait acheter « de marchandises aux propriétaires assimilables aux mar- « chands en gros. Dans les Charentes seules, il y a chez « les propriétaires des stocks d'une valeur énorme. C'est « un milliard qu'il faudrait dépenser pour acquérir et faire « porter dans les entrepôts de l'État, l'alcool et les spiri- « tueux existants, sans compter la destruction de l'indus- « trie et du commerce qui serait, comme pour les allu- « mettes, l'objet d'une indemnité qu'on peut évaluer « suivant nos collègues à un second milliard[1].

1. En 1894, l'Administration des Contributions indirectes, invitée par la Commission du monopole de l'Alcool à rechercher le chiffre des indemnités à payer, estimait que le coût de l'établissement du monopole complet allant de la production à la vente en gros et en

« Il est probable que cette évaluation est très au-dessus « de la vérité, d'abord parce que l'État ne serait probablement pas obligé d'acheter la totalité des stocks, surtout « en ce qui concerne les eaux-de-vie qu'on peut supposer « maintenues en dehors du monopole, ensuite parce qu'il « ne serait sans doute pas nécessaire d'indemniser tous « ceux qui prétendraient avoir un intérêt dans le commerce « des spiritueux. On a eu cependant des exemples de « l'ardeur incroyable à se faire racheter chez ceux qui « croient y avoir droit et de l'entraînement que cette ardeur « fait naître à certaines heures dans l'esprit des jurés. En « 1812, l'État a payé 10 217 000 fr. pour l'acquisition de « 16 manufactures de tabac, et l'Administration porte « son compte capital dans la période de 1811 à 1814 à « 89 millions de francs. Le remboursement des marchandises en magasin à leurs propriétaires a donné lieu aux « abus les plus criants. Les négociants expropriés avaient « rempli leurs magasins de produits qui n'avaient du tabac « que le nom, comme par exemple de feuilles de noyer, et « plus d'une fortune s'est faite au moyen de supercheries « déloyales de cette espèce[1].

détail, s'élèverait à 800 millions. Mais ces prévisions risqueraient fort d'être dépassées, comme elles l'ont été pour le monopole des allumettes. En effet lorsque ce monopole fut établi, la Commission évaluait à 20 millions les indemnités à payer. Or on a dû payer 32 millions et demi ; il y a donc eu un dépassement de près de 50 % sur les prévisions. Pour le monopole de l'alcool, il en serait probablement de même et alors le montant total des indemnités à payer atteindrait certainement un milliard, peut-être même un milliard et demi (*Débats parlem.*, Chambre, séance du 11 juin 1895, discours de M. Fleury-Ravarin).

1. Cette somme de 89 millions de francs fut très considérable relativement au peu d'importance du commerce et de l'industrie des tabacs à l'époque où le monopole fut rétabli (Décret du 29 décembre 1810). Depuis la suppression de ce régime en 1791 jusqu'en 1810,

« On se rappelle aussi les indemnités considérables de « dépossession payées, il y a quelques années, aux fabri- « cants d'allumettes pour établir le monopole de l'État « (33 800 000 fr.); et cependant il s'agissait d'une indus- « trie relativement limitée.

« Sans croire que le capital de premier établissement du « monopole puisse s'élever à deux milliards, surtout s'il « s'agissait d'un monopole limité, et il n'y aurait pas moyen « de faire autrement, aux alcools d'industrie, il est évident « que la première opération de la régie nouvelle serait « une très grosse opération financière. Le grand livre de « la Dette publique serait ouvert une fois de plus, et la « dette, que tous les hommes d'État cherchent à réduire « par l'amortissement, serait accrue encore et dans une « mesure assez large.

« Cette considération seule devrait suffire à tous ceux « qui se préoccupent de la situation de nos finances pour « repousser tout projet de monopole. Engager un capital de « plusieurs centaines de millions, peut-être d'un milliard et « plus, sans être certain de retirer d'une industrie d'accapa- « rement un intérêt et un bénéfice élevés, est une entreprise « qu'on ne saurait conseiller au Gouvernement. Il est pro- « bable que l'État ne pourrait obtenir de son monopole un « produit égal à celui que trouvent dans leur commerce les « négociants qu'on aurait obligés à cesser leurs affaires.

en effet, l'industrie intérieure n'eut pas le temps de connaître les expansions de la liberté ; pendant ces 20 années les affaires demeurèrent à peu près stagnantes, en raison du trouble des temps et de l'esprit d'entreprise trop restreint. Aussi en 1810, n'y avait-il peu ou point de fabriques de tabac, et l'industrie de la fabrication du tabac et des cigares n'avait pas alors le caractère scientifique qu'elle a revêtu depuis (Rap. de M. Léon Say, p. 432; *Journ. des Économistes*, 5me série, t. 13-14; *Les monopoles fiscaux*, par M. René Stourm).

« C'est un mauvais calcul pour une administration fiscale « de chercher à faire des bénéfices sur le commerce des « produits imposés, au lieu de se contenter de faire ren- « trer les impôts, parce que les premiers sont plus varia- « bles que les autres. »

Plus loin, M. Léon Say ajoute : « L'illusion de ceux « qui poursuivent au point de vue fiscal, l'idée du mono- « pole sous des formes diverses, est de croire que l'État « peut faire des bénéfices sans qu'il en coûte rien à per- « sonne... On a même parlé de 800 millions que le « système de monopole pourrait faire entrer dans les « caisses du Trésor sans grever les consommateurs.

« Mais, ou bien ces 800 millions seraient le produit d'une « industrie et d'un commerce qu'il aurait fallu exproprier « auparavant, et dont les bénéfices actuels atteindraient « ce chiffre, et alors en les achetant au denier 12, on « augmenterait la dette dans des proportions inaccepta- « bles. Ou bien ils constitueraient un impôt de 800 millions « sur une catégorie de citoyens qu'on aurait privés des « moyens de pourvoir à leur existence sans les indemniser.

« On peut bien concevoir que, par l'effet d'une concur- « rence déloyale, soutenue par les lois et l'argent des « contribuables, l'État puisse ruiner certaines industries, « accaparer la clientèle des commerçants et s'approprier « des bénéfices appartenant légitimement à d'autres sans « les indemniser ; mais ce serait commettre un abus de pou- « voir auquel un parlement libre ne saurait se prêter. »

Ces sages paroles font amplement justice des asser- tions de MM. Alglave et Guillemet prétendant établir leur système de monopole sans déposséder personne. Il est certain, en effet, qu'étant donnée l'importance de notre commerce et de notre industrie des spiritueux, l'institution du monopole préjudicierait à de multiples intérêts. Sous peine de violer l'équité et de commettre une spoliation en règle, qui révolterait l'opinion publique, l'État devrait réparer le dommage ainsi causé. Par là même l'établissement du monopole infligerait au Trésor des sacrifices très importants et immédiats qu'il faudrait demander à l'emprunt. Or, si l'État empruntait, il devrait amortir et payer l'intérêt de l'argent emprunté ; ce qui diminuerait le bénéfice du monopole.

II

Il est certain, d'un autre côté, que la consommation taxée fléchira considérablement sous le poids de l'énorme aggravation du droit sur l'alcool. Déjà, en France, les deux surtaxes de 1860 et de 1871 réduisirent les quantités imposables. La surtaxe de 1871 (60 francs) eut un effet particulièrement sensible. En 1872 les quantités soumises au droit subissaient une diminution de 25 p. 100 sur l'année précédente ; et ce n'est qu'en 1877 que les produits imposables reprirent leur ancien niveau[1].

Or, ces 60 francs de surtaxe étaient bien peu de chose à côté des 293 fr. 75 c. d'aggravation d'impôt du système Guillemet et des 793 fr. 75 c. du système Algave[2]. Il

1. *Étude sur la réforme de l'impôt des boissons* par M. BOULANGER, premier président de la Cour des comptes, *Rev. polit. et parl.* 1897, t. XI, p. 274.

2. Dans le système Guillemet, l'impôt est, en effet, de 450 fr., défalcation faite du prix de l'alcool évalué à 50 fr. Dans le système Alglave le droit ressort à 950 fr., le prix de l'alcool étant évalué également à 50 fr.

n'est pas douteux qu'une telle surcharge aurait pour conséquence une réduction sensible des ventes du monopole. L'exemple de la Suisse le prouve d'une façon irréfutable.

On objecte que cette diminution n'est pas à craindre, car, dit-on, bien que l'alcool soit surtaxé, le prix du petit verre restera toujours à dix centimes[1]. Le consomma-

1. M. Alglave suppose que le petit verre à 10 centimes est d'une façon à peu près générale d'une contenance de deux centilitres et demi ou d'un quarantième de litre. Or cette supposition est erronée, comme on l'a démontré devant la Commission extra parlementaire du monopole de l'alcool de 1897 (séance du 5 février). En effet, l'immense majorité des consommateurs reçoit pour 10 centimes la mesure de cinq centilitres appelée « demoiselle » en Normandie et en Bretagne. Ailleurs la vente en petits verres de deux centilitres et demi existe bien, mais alors le petit verre est vendu 5 centimes en eau-de-vie ordinaire ou en genièvre suivant les pays. Quant à la vente à 10 centimes, elle ne s'applique qu'à une consommation fort restreinte en quantité. Cela étant, le prix du petit verre augmenterait du double dans la majorité des cas. En effet, dans les régions où le petit verre de deux centilitres et demi se vend 5 centimes, il serait vendu désormais 0 fr. 10, si le système de M. Alglave était institué en France. En Normandie et en Bretagne, l'augmentation de prix serait en quelque sorte la même, car le consommateur devrait payer le petit verre de deux centilitres et demi, 10 centimes, soit 20 centimes la mesure de cinq centilitres qu'on lui sert actuellement pour 10 centimes. En outre, il n'est pas exact que les 9/10 des liqueurs alcooliques se consomment actuellement chez les débitants et les cabaretiers de tout genre. En effet, une grande partie de la consommation ouvrière (la moitié au moins) se fait sous forme de vente à emporter. Or, sous le régime du monopole, le consommateur devrait acheter l'eau-de-vie à emporter 4 francs le litre à 40°, tandis qu'actuellement le prix de vente dans les villes ne dépasse jamais 2 francs le litre à 40° et dans les campagnes, 1 fr. 50 à 1 fr. 75 tous droits compris (*Journ. des Contrib. Ind.* du 12 février 1897, p. 94).

M. Guillemet estime comme M. Alglave que le prix du petit verre d'un quarantième de litre restera à 10 centimes. Il fait donc la même erreur que M. Alglave. De plus, ce que l'État vendra dans le système Guillemet, c'est du trois-six rectifié. M. Guillemet ne peut pas savoir quel sera le prix de cet alcool lorsqu'il arrivera au consommateur sous forme de pseudo-cognac ou d'absinthe, après avoir subi des manipulations, des transformations, des aromatisations diverses, etc.

teur ne paiera donc pas un centime de plus qu'actuellement et, par suite, il boira tout autant qu'aujourd'hui lorsque le monopole sera appliqué.

Ainsi l'État pourrait, grâce au monopole, augmenter l'impôt sur l'alcool sans que le prix s'élève pour le consommateur et, par suite, sans que la consommation soumise au droit diminue du fait de la surtaxe.

Mais alors, on peut se demander comment il se fait que le prix de détail hausse pour le tabac. Comme le dit en effet M. Leroy-Beaulieu « si le prix de détail ne devait pas hausser pour l'alcool, il ne devrait pas non plus hausser pour le tabac. Or, il hausse tellement pour cette dernière denrée, la répercussion des sommes perçues par le fisc est telle sur le prix du détail, que l'État est obligé d'établir des zones pour le tabac. Il admet que dans un certain nombre de départements frontières, le prix de vente du tabac soit fort amoindri, parce que, s'il s'élevait beaucoup au-dessus des prix des pays avoisinants, la fraude deviendrait colossale. C'est la démonstration de cette vérité que les prix au détail se ressentent nécessairement du montant de l'impôt. Il en sera de l'alcool sous le régime du monopole comme il en est du tabac ; l'énormité de la perception du fisc fera hausser le prix de détail et réduira la consommation[1]. »

Ce qui est indiscutable, c'est qu'il faut bien que quelqu'un paie la surtaxe. Si ce n'est pas le consommateur, ce sera le marchand en gros et le débitant. Mais comment croire que les intermédiaires se dépouilleront béné-

1. *Journal des Débats* (*Journ. des Contr. Indir.* du 28 juillet 1895, p. 386.)

volement au profit de l'État de leurs bénéfices actuels?

On prétend bien, d'un certain côté, qu'on allouera aux cabaretiers, chargés de vendre les liqueurs du monopole, une remise de 20 °/₀ du prix de vente, soit de 80 centimes par litre à 40° ou 2 centimes par petit verre. Or, cette rémunération payée au débitant, en échange des bénéfices que le monopole lui enlèverait serait beaucoup trop faible pour le rémunérer convenablement, après l'avoir couvert des frais de toutes sortes qui lui incombent : frais de loyer, patentes, pertes matérielles, coulage, chauffage, éclairage, personnel pour le service, frais de détention d'un stock considérable de bouteilles, etc. A-t-on songé que pour arriver à encaisser un bénéfice brut de 20 francs, avec une rémunération de 2 centimes par petit verre, il faudrait qu'il verse à boire à un millier de consommateurs, ce qui supposerait un établissement considérable, très achalandé et un personnel nombreux? Nous ne croyons rien exagérer en disant que le bénéfice brut actuel du détaillant représente largement le double de la remise à laquelle M. Alglave veut le réduire.

Ce serait donc s'illusionner que de penser que les commerçants en gros et les aubergistes accepteront la situation qu'on veut leur faire et qu'ils ne chercheront pas à se rattraper sur le client ; c'est en réalité, ce dernier, c'est-à-dire le prolétaire, le travailleur qui est menacé de subir cette surcharge énorme de 550 à 800 millions que l'on veut faire rendre à l'alcool en sus des 250 millions qu'il donne aujourd'hui.

A la vérité, la surtaxe se traduira pour le consommateur par un abaissement du degré alcoolique de l'eau-de-vie. C'est en effet, le seul moyen pour le débitant de conserver sa clientèle et son bénéfice tout en maintenant le prix et la capacité du petit verre. Sans doute le produit obtenu manquera un peu de force et ne grattera plus autant le palais. Mais le débitant trouvera bien le moyen de remédier à cet inconvénient, en ajoutant à l'alcool certaines drogues plus ou moins malsaines qui en relèveront le goût. Ainsi, en voulant augmenter outre mesure l'impôt sur l'alcool, le monopole aboutirait à rendre pires encore les liqueurs alcooliques, surtout celles qui se consomment au détail, et cela sans accroître les recettes du Trésor.

III

Ce fléchissement de la matière imposable sous le poids de la surtaxe serait d'autant plus sensible que le dégrèvement total des boisons hygiéniques aurait pour conséquence de les mettre à meilleur compte à la disposition du public, et par suite d'en accroître la consommation en diminuant celle de l'alcool. Cette troisième cause de déficit serait particulièrement grave, par cela que la reconstitution du vignoble qui fait chez nous des progrès croissants depuis quelques années, ne tardera pas à ramener l'abondance et le bon marché de nos vins ordinaires.

IV

De son côté, la fraude, stimulée par l'appât d'une énorme prime, viendra faire une concurrence désastreuse au monopole.

La fraude, en effet, est proportionnelle à l'élévation de

la taxe, et, plus l'intérêt du fraudeur augmente, plus augmente aussi sa fabrication en dépit de toute la surveillance dont il est entouré.

Avec le monopole, la prime à la fraude étant triplée ou sextuplée, suivant le système adopté, il est à prévoir que le Trésor verra lui échapper la plus grande partie de ses perceptions du fait des fraudeurs.

« On croit plus facile, dit M. Léon Say, de supprimer la concurrence au monopole que de réprimer la fraude, c'est une erreur. Dans un cas comme dans l'autre, il faut toujours, quel que soit le sytème adopté, déployer la plus grande rigueur pour faire respecter la loi ; et, si on se rend compte des procédés employés pour défendre les monopoles, on ne peut douter que l'extrême rigueur des lois ne soit encore plus nécessaire pour arriver à supprimer la concurrence au monopole que pour réprimer la fraude de l'impôt. »

« Le monopole du tabac est en effet fondé sur des lois véritablement draconiennes qui ne sont subies que parce qu'elles sont anciennes, et qui, malgré ou à cause de leur caractère excessif, donnent lieu à bien des fraudes d'une importance et d'une violence considérable [1]. »

Dans les départements frontières, la contrebande inflige à l'État des pertes considérables. Malgré le régime spécial des zones qui a pour but de donner aux populations du tabac à prix réduit, pour diminuer le bénéfice du fraudeur, régime qui inflige au Trésor une perte annuelle de 60 millions, le tabac étranger pénètre en France en quantités importantes.

1. *Journ. des Contributions Ind.* du 12 août 1888, p. 442.

Bien plus, à l'intérieur, la fraude se produit sur une large échelle. Dans les arrondissements où l'on cultive le tabac, on détourne un nombre énorme de feuilles pour la fabrication clandestine des cigares et du tabac à fumer[1]. Et cependant, pour le tabac, la matière première étant une plante qui n'a pas d'autre usage, l'État a pu mettre la main sur le produit à son origine, à sa source, dans la matière qui le produit. On peut dire que la culture même de la plante rentre dans l'exploitation du monopole en ce sens qu'elle n'est permise qu'à un petit nombre de planteurs et dans vingt-deux arrondissements seulement, et qu'elle est minutieusement surveillée par des agents spéciaux dans toutes ses phases, depuis l'ensemencement des graines jusqu'à l'emmagasinage des feuilles.

Au contraire, pour l'alcool, la matière première n'est pas une plante spéciale, uniquement cultivée en vue de la production de l'alcool. Elle varie à l'infini suivant les lieux, les circonstances, les habitudes locales. En France. On tire l'alcool du vin dans les Charentes, l'Armagnac et le Languedoc ; des marcs de raisin, dans la Bourgogne ; du cidre en Normandie, dans le Calvados ; des cerises, dans l'Est ; des céréales un peu dans toutes les régions de la France. Dans le Nord en particulier, c'est la betterave qui est mise en œuvre, et l'on rencontre même des distilleries qui emploient du riz de nos colonies asiatiques.

Si la fraude trouve le moyen de s'exercer sur les tabacs, comment supposer qu'il suffira, pour diminuer les fraudes sur l'alcool, de proclamer le monopole ? Que l'impôt sur l'alcool soit perçu sous la forme d'un mono-

1. Débats parl. Chambre, séance du 11 juin 1895. Discours de M. Fleury-Ravarin.

pole ou sous toute autre forme, il sera toujours dangereux d'en augmenter outre mesure le tarif dans un pays de vignes ou de vergers comme le nôtre où la matière première de l'alcool est partout, à la portée de tous, où par conséquent les fabrications clandestines sont si faciles. Autant la Russie et même la Suisse, où la distillation n'emploie qu'un nombre de matières très limité, sont des milieux favorables au fonctionnement du monopole de l'alcool, autant la France, avec son infinie variété de substances servant ou pouvant servir à la production de l'alcool, présente d'obstacles à l'exercice de ce système.

Croit-on qu'il suffira pour diminuer la fraude de la diviser afin de réduire autant que possible le bénéfice du fraudeur sur chaque acte de fraude et de rendre ainsi le métier beaucoup moins lucratif? Mais dans le monopole des allumettes la fraude est divisée. Le fabricant clandestin ne peut réaliser qu'un bénéfice de quelques centimes sur chaque boîte d'allumettes; et cependant en matière d'allumettes la fraude est scandaleuse, si bien que la loi de finances de 1895 a dû instituer l'exercice des fabriques de phosphore[1]. Qu'arrivera-t-il quand le gain sera de 3 fr. par litre d'eau-de-vie à 40°?

On dira qu'on empêchera les transports clandestins, en décidant que les liquides alcooliques ne circuleront plus désormais que dans des fûts plombés par la régie ou dans des bouteilles agréées par l'État[2]. Mais on oublie que ces tonneaux et ces bouteilles ne sont réservés qu'aux alcools qu'on voudra bien y mettre. Quant à ceux qui

1. Débats Parl. Chambre, séance du 11 juin 1895. Discours de M. Fleury-Ravarin.

2. Projet Alglave, art. 7, 12 et 14; — Projet Guillemet, art. 4.

s'affranchissent actuellement des formalités prescrites, qui voyagent sans être accompagnés des pièces de la Régie, pourquoi ne continueraient-ils pas d'être transportés clandestinement comme ils le sont aujourd'hui dans les pays de bouilleurs, en fûts et bonbonnes de toute contenance pour le plus grand préjudice de l'État. La seule différence avec ce qui se passe actuellement c'est que l'importance de ce trafic croîtra en proportion de l'aggravation des droits. Avec un impôt aussi élevé que celui du monopole le métier de fraudeur deviendra l'un des plus lucratifs de France.

On objectera encore que si la circulation des tonneaux frauduleux continue, elle n'aura pour ainsi dire plus de but, car, ces tonneaux vagabonds ne trouveront plus dans les cabarets d'autres tonneaux sédentaires où ils pourront aller se vider en cachette. Les cabaretiers n'auront plus de liqueurs qu'en bouteilles, dont le remplissage nécessitera le concours des agents de la Régie.

Ce n'est là qu'une simple prescription que les débitants trouveront bien le moyen d'éluder. Comment les empêchera-t-on, en effet, d'avoir en réserve, pour servir à leurs clients, deux ou trois bonnes bouteilles d'eau-de-vie de marc ou de cidre, bien cachées dans un coin, au fond de quelque paillasse ou sous quelques fagots, et qu'ils remplaceront avec le concours du bouilleur de cru voisin, au fur et à mesure qu'elles se videront? Les bouteilles fiscales feront étalage et resteront toujours pleines; elles seront le paravent derrière lequel la fraude se pratiquera sans grand péril, pour peu que le fraudeur soit adroit et prudent.

Les précautions prises par MM. Alglave et Guillemet ne sont donc pas des garanties suffisantes pour empêcher dans les pays de production, particulièrement dans ceux des bouilleurs de cru, la continuation des abus qui se pratiquent déjà et que surexcitera l'énorme aggravation du droit. De plus, il est à prévoir que l'appât du bénéfice à réaliser donnera naissance à une fraude nouvelle impossible à réprimer, la fabrication domestique au domicile du simple particulier. Le jour où le consommateur, dans les villes comme dans les campagnes, aura à sa disposition, au prix de 20 ou 30 francs, des vins pouvant donner, par hectolitre, 20 ou 25 litres d'une eau-de-vie qui reviendra, par conséquent, à 1 fr. ou 1 fr. 20 le litre, il s'empressera d'en fabriquer avec ces petits alambics si répandus déjà dans le commerce. Il y a là pour le Trésor un péril immense ; et si l'on élève outre mesure le taux de l'impôt, il faut s'attendre à voir se répandre dans les ménages, l'habitude de fabriquer sur la table quelques petits verres d'eau-de-vie aussi facilement que l'on prépare quelques tasses de café ou de thé.

Si tout le monde ne prend pas goût à cette petite opération, qui sera des plus rémunératrices par suite de l'exagération même du taux de l'impôt, toujours est-il qu'on verra se multiplier de tous côtés de petites distilleries clandestines, dont les produits, circulant sous les manteaux de toutes les cheminées, s'infiltreront partout en dépit de toutes les mesures de surveillance.

En un mot, le monopole, bien loin d'avoir le privilège de diminuer la fraude, la surexciterait par l'appât d'une énorme prime.

V

Enfin les dépenses d'exploitation du monopole seront fort considérables si l'on en juge d'après l'exemple du monopole suisse. L'État devra acheter, rectifier, transporter, loger, conserver, vérifier au moins un million d'hectolitres d'alcool pur. Il devra expédier toute cette quantité aux fabricants de liqueurs, aux marchands en gros, aux débitants, pourvoir en un mot sur toute la surface du pays à la consommation générale. N'y a-t-il pas là matière à l'organisation d'une vaste régie avec son personnel habituel de chefs, sous-chefs, directeurs, surveillants, commis, gardiens préposés, etc.? Ce qui est certain, c'est que les dépenses de gestion d'une telle entreprise commerciale, bien loin d'être à peu près nulles, comme on le prétend volontiers, seraient fort élevées; et il n'est pas exagéré de dire, en nous fondant sur l'exemple de la Suisse, qu'elles représenteraient au moins 50 p. 100 des recettes.

Le monopole, quel que soit le système adopté, est donc placé en face de cinq causes principales et importantes de déficit. Il ne nous paraît pas douteux que leur action simultanée produirait une moins-value considérable, et que par suite le monopole serait loin de donner la somme fantastique de 700 millions ou 1 milliard qu'on nous promet. Ne donnerait-il, comme le régime helvétique, que la moitié environ des recettes attendues, ce serait un beau résultat.

§ 3. — *Le Monopole, l'Agriculture, l'Industrie et le Commerce.*

Les partisans du monopole prétendent ne porter aucune atteinte à la liberté de l'industrie et, ce qui mieux est, encourager la production et partant l'agriculture.

Il nous semble pourtant que la liberté de l'industrie ne comporte pas seulement le droit de fabriquer, mais aussi celui de disposer librement du produit de sa fabrication.

Or, dans le système de M. Guillemet, le distillateur industriel ou agricole n'aura plus, en droit, qu'un seul acheteur, l'État.

Dans le système de M. Alglave, il en sera de même en fait. Théoriquement, sans doute, le distillateur n'est pas tenu d'après ce dernier système de livrer ses produits au monopole. Mais l'eau-de-vie qui n'aura point passé par les mains de l'État ne pourra entrer dans la circulation qu'après avoir été introduite dans la fameuse bouteille fiscale que l'État vendra vide au même prix que si elle était pleine. Cela revient à dire que cette eau-de-vie sera grevée d'une surtaxe égale à la valeur intrinsèque des eaux-de-vie vendues par le monopole, surtaxe que M. Alglave lui-même évalue à 0 fr. 40 par litre. Sans doute, les spiritueux de marque, les grandes eaux-de-vie, liqueurs fines, pourront supporter cette surcharge ; mais dans de pareilles conditions, il serait impossible de vendre, en concurrence avec celle de l'État des eaux-de-vie communes fabriquées avec des alcools de betteraves ou de grains. Par rapport aux alcools d'industrie, le monopole de M. Alglave est donc aussi absolu que celui de M. Guillemet.

Mais, dira-t-on, de quoi le distillateur se plaindrait-il? l'État lui achètera ses alcools à des prix auxquels, sous le régime actuel, il ne saurait prétendre. L'alcool aujourd'hui ne vaut pas plus de 30 francs l'hectolitre ; l'État le paiera 38 ou 40 francs.

Il n'y aurait rien à dire en effet, si l'État achetait toute la production du distillateur. Il serait assez logique que n'expropriant pas les distilleries, tout en leur supprimant leurs débouchés actuels, le monopole leur assurât l'écoulement intégral de leur fabrication. S'il poursuivait un but exclusivement protectionniste, l'État pourrait agir ainsi ; les distillateurs n'auraient plus à craindre de trop produire, certains qu'ils seraient de trouver un acheteur dans l'État. Si parmi les représentants naturels des intérêts agricoles ou industriels, il en est qui se sont ralliés à l'idée du monopole, c'est qu'apparemment ils se sont bercés de l'idée que l'Administration, se substituant aux acheteurs actuels, serait par cela même engagée à prendre livraison de toutes les quantités d'alcool que les producteurs voudraient bien lui livrer.

Mais il suffit d'un instant de réflexion pour se rendre compte qu'il n'en saurait être ainsi pour un monopole qui poursuit en outre un but fiscal. L'État ne peut pas se mettre sur les bras des quantités dont il n'aurait pas l'emploi ; il ne sera donc acheteur que d'une partie des quantités fabriquées, nécessaire aux besoins de la consommation, et, pour chaque distillateur, ses achats seront proportionnels à la production constatée soit pendant l'année précédente (système Alglave), soit pendant les trois dernières campagnes (système Guillemet).

Mais alors, qu'est-ce que le distillateur fera du surplus?

Aujourd'hui, le producteur se règle sur la situation du marché, sur les cours actuels, et les prévisions de hausse ou de baisse que comporte l'état des stocks et l'apparence des récoltes. S'il s'est plus ou moins trompé, il en est quitte pour subir des prix plus ou moins inférieurs à ceux sur lesquels il avait compté ; mais au prix de quelques concessions, il peut toujours trouver un acquéreur, parce que le commerce profite de la circonstance pour constituer des approvisionnements. L'État devrait nécessairement rester étranger à toute spéculation de ce genre, et limiter ses achats aux besoins du moment.

Le producteur de flegmes restera donc chargé des quantités que le monopole, son unique acheteur, lui laissera pour compte. Il ne peut pas, en effet, les écouler à l'intérieur par l'intermédiaire du commerce libre, puisque l'État légalement ou en fait s'interpose entre lui et le commerçant.

On nous dira que le distillateur trouvera dans les hauts prix payés par l'État une prime lui permettant d'exporter la partie invendue. Mais dans ces conditions il n'y aura plus de limites à une production déjà surabondante. L'agriculture, qui ne sait plus trop à quel saint se vouer, produira force betteraves et pommes de terre pour la distillerie. On fera deux fois, trois fois plus d'alcool que la consommation n'en peut absorber, Mais que faire de cet excédent? l'exporter, c'est bon à dire, mais sur quel marché? tous les pays se défendent aujourd'hui par des droits protecteurs que les spiritueux de grand prix peuvent seuls supporter. Nous n'aurons guère d'autres clients que les nègres de l'Afrique. Il faudra étendre notre empire colonial pour y faire couler des ruisseaux de trois-six; c'est une manière comme une autre de répandre la civilisation en favorisant l'extinction des races inférieures. En tout cas, en quelque lieu que le distillateur exporte ses excédents de production, ce qu'il y a de sûr, c'est qu'il ne pourra le faire qu'à des prix infimes, et que, si la production excède trois ou quatre fois la consommation, l'État devra payer la portion qu'il achètera deux ou trois fois plus que sa valeur. Un pareil système serait désastreux pour le Trésor et ne pourrait fonctionner longtemps sans ruiner les finances du pays.

L'État, pour sauvegarder l'intérêt fiscal, sera obligé de renoncer à payer des prix ruineux pour le monopole ; mais alors l'industrie sera obligée de restreindre sa production, au risque de se charger de quantités dont elle ne saurait que faire. Tel sera le véritable résultat du monopole, et certes il est loin d'être favorable à la distillerie et à l'agriculture.

Voilà pour le producteur d'alcool d'industrie ; passons au producteur d'eau-de-vie, de vin, de cidre, de fruits. Celui-là reste en dehors du monopole aussi bien dans le système Alglave[1] que dans le système Guillemet. Dans ce dernier, il bénéficie d'une prime de 50 francs par hectolitre à 100°. Au contraire, dans le système de M. Alglave il doit acquitter une surtaxe de 40 francs par hectolitre à 40° ou de 100 francs par hectolitre à 100°.

Ainsi, le prétendu monopole facultatif fait une concur-

1. *Journal des Contributions Indirectes* du 13 octobre 1896, p. 530.

rence déloyale aux distillateurs d'eaux-de-vie naturelles et les met dans l'impossibilité de tirer parti de leurs produits. Il n'y a pas seulement, en effet, que des fines champagne à 15 ou 20 francs la bouteille, il existe encore une foule de produits à meilleur marché, auxquels le projet de M. Alglave enlèverait tout débouché. L'Armagnac, les Charentes mêmes produisent des eaux-de-vie de vin qui se vendent à des prix beaucoup plus abordables; la Normandie a ses eaux-de-vie de cidre, la Bourgogne ses eaux-de-vie de marc qui ne sauraient passer pour des produits de grand luxe. Le Midi lui-même sera bien un jour ou l'autre forcé de passer à l'alambic une partie de ses récoltes redevenues surabondantes. Toutes ces eaux-de-vie ordinaires ont déjà de la peine à soutenir la concurrence des eaux-de-vie artificielles, des pseudo-cognacs, confectionnés avec des alcools d'industrie. La lutte deviendra impossible, si la différence des prix de revient se complique d'une surcharge fiscale. La production des eaux-de-vie naturelles est donc condamnée à périr, sauf dans quelques régions privilégiées dont les produits ont une qualité et une valeur tout à fait exceptionnelles.

Les intermédiaires ne sont pas mieux partagés que les producteurs. Le marchand en gros est particulièrement maltraité; on le supprime sans autre forme de procès.

En effet, dans le système de M. Alglave, le rôle d'intermédiaire entre le monopole et le débitant sera rempli par un entreposeur jouissant à cet égard d'un privilège exclusif, et le choix de cet intermédiaire se fera par l'adjudication. Donc plus de marchands en gros. Sans doute, les négociants actuels pourront concourir à l'adjudication;

mais pour dix, vingt, cent marchands en gros qu'il peut y avoir aujourd'hui dans une ville ou dans un canton, il n'y aura sous le régime projeté qu'un seul entreposeur et, en raison de la concurrence qui s'établira lors des adjudications, les soumissions se feront sans doute dans des conditions qui rendront le métier fort peu lucratif.

Mais, dira-t-on, les marchands en gros actuels pourront continuer le commerce des eaux-de-vie et des liqueurs non monopolisées. Il est vrai ; mais la concurrence du monopole et la surtaxe dont seront frappés les spiritueux non monopolisés restreindra singulièrement l'importance de ce commerce. Et puis, le négociant qui remplira le rôle d'entreposeur pour les produits du monopole sera, même pour les spiritueux non monopolisés, dans une situation privilégiée vis-à-vis des autres commerçants ; le débitant, obligé de passer par son intermédiaire pour s'approvisionner en produits du monopole, sera naturellement amené à lui faire en même temps ses autres commandes. En réalité le projet de M. Alglave aboutit pour le commerce en gros à une expropriation sans indemnité.

Il en est de même du projet de M. Guillemet. Celui-ci laisse le marchand en gros libre de continuer ses affaires en achetant à l'État l'alcool rectifié à raison de 5 fr. le litre. Mais ce même État lui fera la concurrence la plus ouverte en vendant à tous, débitants ou particuliers, par quantité minimum de 25 litres. C'est dire que tous les commerçants au détail pourvus de quelque argent, s'approvisionneront directement dans les magasins de l'État, le marchand en gros n'ayant plus pour clients que les insolvables.

Tout cela est-ce la liberté ?

Est-ce la liberté pour le producteur d'alcools d'industrie qui n'aura plus devant lui qu'un seul acheteur, qui verra les cours fixés par la loi, qui devra régler sa fabrication sur les besoins d'un accapareur unique, qui ne pourra plus recourir aux inépuisables ressources de la spéculation ni profiter de ses mille combinaisons pour le placement immédiat ou à terme de ses produits ? Est-ce la liberté pour le marchand en gros, pour le négociant entrepositaire auquel l'État se substituera? Est-ce la liberté pour le débitant qui devra s'approvisionner à des dépôts officiels, qui sera obligé de détenir à ses risques et périls un stock de bouteilles considérable, pour peu que sa vente soit importante, stock encombrant, fragile, d'un prix élevé, voire même de vendre d'après un tarif officiel pour le compte de l'État? Est-ce la liberté pour le liquoriste, le fabricant de vinaigres, d'articles de parfumerie, de produits chimiques ou pharmaceutiques, qui devront accepter l'alcool du monopole, si médiocre qu'il soit, subir les prix de l'État, traiter avec des agents peu soucieux de conserver par leurs bons procédés la clientèle forcée de la régie?

Ainsi, le monopole, de quelques brillantes apparences que ses promoteurs le revêtent, aboutit toujours à l'intervention de l'État et cette intervention de l'État produit ici ses effets habituels. Sa main brise le mécanisme des transactions libres et amène par le fait même de sa puissance des troubles, des injustices, des dépossessions fatales au travail national. Monopoliser l'alcool serait supprimer le beau développement de notre industrie et de notre commerce des spiritueux sans profit pour l'hygiène ou le Trésor. Notre pays possède actuellement 7 073 bouilleurs de profession, 160 distillateurs agricoles, 285 distillateurs industriels, 24 rectificateurs, 28 000 commerçants entrepositaires. Tous subiraient une atteinte très grave du fait de l'institution du nouveau régime. Les uns disparaîtraient complètement : les autres ne continueraient à vivre que de la vie de l'État, c'est-à-dire d'une vie factice, précaire, dépendante. Le commerce et l'industrie proprement dits, en tant qu'on entend par ces mots l'initiative, l'activité, l'ingéniosité, l'audace qui réussit, la routine qui succombe, la lutte ardente pour le gain, seraient anéantis sans retour. La France ne verrait plus fleurir sur son territoire qu'une industrie et un commerce d'État, dont les agents seraient incapables de communiquer au pays la vitalité, l'énergie, le développement continu de ses forces productives qui seuls peuvent lui maintenir un rang prédominant parmi les nations rivales. C'est alors que se réaliserait cette « uniformité dans la médiocrité » dans laquelle sombrerait la réputation des eaux-de-vie et liqueurs françaises que l'industrie libre, toujours à l'affût des bénéfices, et stimulée par la concurrence intérieure, sait si bien adapter aux besoins d'une nombreuse et cosmopolite clientèle.

Il n'est pas douteux que l'institution du monopole de l'alcool qui affecterait tant d'intérêts si divers, rencontrerait une vive opposition. Déjà, devant la Commission extra-parlementaire du monopole de l'alcool de 1896-1897, les industriels, les commerçants en gros et en détail, les négociants exportateurs, les intermédiaires, courtiers, voyageurs, représentants de commerce, que tous les projets de monopole condamnent à disparaître, ont fait entendre de légitimes et énergiques protestations, qui montrent que l'institution du monopole rencontrerait une vive résistance, et soulèverait dans le pays une émotion intense.

En tout cas, ce système détruirait l'un des commerces les mieux organisés et l'un des plus prospères de France, et priverait le patrimoine national de tout cet argent étranger qui le grossit chaque année grâce à l'exportation de nos eaux-de-vie et liqueurs. Cette dernière considération suffirait à elle seule pour faire repousser le monopole.

§ 4. — *Conclusion.*

Parvenu au terme de cette étude, nous repoussons absolument le monopole de l'alcool : parce que, au point de vue hygiénique, il ne saurait diminuer la consommation ni par conséquent sauvegarder véritablement la santé publique contre l'alcoolisme ; parce que, au point de vue fiscal, il n'a aucune des vertus spéciales que ses partisans lui attribuent volontiers, et est sujet à toutes les causes de déficit qui menacent tout système d'impôt sur l'alcool ; parce que, enfin, il présente le grave inconvénient d'être destructif de tout commerce et de toute industrie, par la suppression de la liberté.

Ce qui importe au point de vue hygiénique, c'est de restreindre la consommation autant que possible. Cette tâche est celle de l'instruction, de l'éducation et de la moralisation par la persuasion et par l'exemple. C'est l'œuvre des sociétés de tempérance, du maître d'école, du médecin, du prêtre, et en général de quiconque peut exercer une influence sur le milieu dans lequel il vit.

Au point de vue financier, il nous semble que le régime fiscal actuel mérite d'être conservé avec son mécanisme merveilleux de la suspension de droits grâce auquel l'alcool est frappé, non pas au moment où il est fabriqué, mais au moment où il entre dans la consommation, l'Administration prenant en charge le produit, le suivant entre les mains d'un nombre parfois considérable d'intermédiaires, ne percevant l'impôt qu'au moment, où il entre dans la consommation. C'est là un système avantageux non seulement parce qu'il n'exige l'avance d'aucuns fonds, mais parce qu'il permet aux petits comme aux gros négociants d'exercer sans gêne grave leur profession. De plus, cet organisme fiscal a reçu la consécration du temps, il fonctionne d'une façon régulière et est entré dans nos mœurs. Sans doute, il a des imperfections, mais on peut y remédier. Ainsi on peut supprimer le privilège des bouilleurs de cru et réglementer leur production, sans qu'il soit besoin de recourir, comme le veut M. Guillemet, à la surveillance permanente des employés de la Régie, ce qui donnerait lieu à bien des difficultés financières, politiques et économiques.

Lorsque notre régime fiscal aura été amélioré, on pourra alors songer à relever le droit sur l'alcool. Malheureusement il ne nous semble pas qu'on puisse en France porter l'impôt au même taux qu'en Angleterre, qu'en Russie ou qu'en Hollande.

En effet, la Russie, l'Angleterre et la Hollande fabriquent presque exclusivement des alcools d'industrie. Or comme nous l'avons dit souvent, la production de ces alcools comporte une série d'opérations assez compliquées et un matériel important, ce qui rend difficile l'établissement de fabriques clandestines.

Chez nous, au contraire, la situation est tout autre. Les matières premières de l'alcool varient à l'infini, se trouvent partout ; ce sont les vins, les cidres, les lies, les marcs, les baies, les fruits de toutes sortes, toutes matières dont la mise en œuvre ne réclame qu'un outillage fort simple et une installation tout à fait rudimentaire, de telle sorte qu'il est toujours facile aux distillateurs clandestins d'opérer avec la quasi certitude de l'impunité. Les bouilleurs de profession eux-mêmes sont disséminés de tous côtés ; leurs petits établissements sont isolés les uns des autres et les fréquentes interruptions des travaux ne permettent pas d'affecter un personnel spécial à leur surveillance. Les conditions de la production en France donnent donc à la fraude des facilités qui n'existent pas dans les pays du Nord. Voilà pourquoi il sera toujours très dangereux dans notre pays d'élever le tarif de l'impôt sur l'alcool. Peut-être cependant pourrait-on le porter de 156 francs à 200 francs au maximum.

Du reste le revenu de l'alcool est appelé à diminuer au fur et à mesure de la constitution du vignoble. Lorsque celui-ci sera devenu prospère, il n'est pas douteux que la consommation du vin se substituera dans une large mesure à celle de l'alcool, surtout si l'alcool se trouve renchéri par un impôt élevé suivant la tendance actuelle.

Au point de vue industriel et commercial, il importe de

réglementer avec prudence et circonspection le commerce et l'industrie des spiritueux dans l'intérêt de l'hygiène et du Trésor ; car, cette industrie et ce commerce mettent en jeu des intérêts multiples qui méritent d'être respectés.

Vu :
Le Professeur chargé de l'examen de la thèse,
CH. BODIN.

Vu :
Le Doyen, **G. de CAQUERAY.**

Vu et permis d'imprimer :
Le Recteur, **J. JARRY.**

TABLE DES MATIÈRES

RENNES, IMPRIMERIE FR. SIMON, SUCC[r] DE A. LE ROY
IMPRIMEUR BREVETÉ

RED. :

20

0 1 2 3 4 5 6 7 8 9 10

www.ingramcontent.com/pod-product-compliance
Ingram Content Group UK Ltd.
Pitfield, Milton Keynes, MK11 3LW, UK
UKHW021137260726
13994UKWH00001B/180